TERRA

USA und Russland
Zwei Großräume im Wandel

Ernst Klett Verlag
Stuttgart · Leipzig

Inhaltsverzeichnis

1 Festigen Sie Ihr Wissen **3**
1.1 USA und Russland – Staatswerdung und Grunddaten 3
1.2 USA – Raumstrukturen und Entwicklungsprozesse 4
1.2.1 Das naturräumliche Potenzial 4
1.2.2 Raumerschließung und Besiedlung 5
1.2.3 Agrarwirtschaft im Wandel 6
1.2.4 Industrie und Tertiärer Sektor 7
1.2.5 Stadt und Bevölkerung 8
1.3 Russland zwischen Planwirtschaft und Marktwirtschaft 10
1.3.1 Das naturräumliche Potenzial 10
1.3.2 Raumerschließung und Besiedlung 12
1.3.3 Zusammenbruch und Transformation 13
1.3.4 Agrarräume und ihr Wandel 14
1.3.5 Industrie und Handel 15
1.3.6 Neuorientierung im städtischen Raum 17

2 Überprüfen Sie Ihr Wissen **18**
Testaufgaben zur Selbstkontrolle 18
Lösungshinweise 19

3 Wenden Sie Ihr Wissen an – eine Klausur zum Üben **22**
Soziale Fragmentierung US-amerikanischer Städte – Beispiel New York 22
Lösungshinweise 24

1 Festigen Sie Ihr Wissen

1.1 USA und Russland – Staatswerdung und Grunddaten

USA (United States of America; Vereinigte Staaten von Amerika): aus 50 Bundesstaaten bestehende Bundesrepublik in Nordamerika; sie ging aus den 13 britischen Kolonien hervor, die sich 1776 vom Mutterland Großbritannien unabhängig erklärten.
Sowjetunion (Union der Sozialistischen Sowjetrepubliken, kurz UdSSR): aus der Oktoberrevolution 1917 hervorgegangener zentralistisch regierter Einparteienstaat mit kommunistischer Ideologie; sie wurde am 30.12.1922 gegründet und am 21.12.1991 aufgelöst; die Rechtsnachfolge wird von der Russischen Föderation wahrgenommen.
Russland: 1. der Name des Vorgängerstaates (Zarenreich) der Sowjetunion; kurz nach der Oktoberrevolution 1917 gegründet und größter Staat der Sowjetunion; genaue Bezeichnung: Russische Sozialistische Föderative Sowjetrepublik (RSFSR); 2. seit Ende 1991 der größte Nachfolgestaat der Sowjetunion; genaue Bezeichnung: Russische Föderation oder Russländische Föderation (RF).
GUS: Gemeinschaft Unabhängiger Staaten; loser Staatenbund, der 12 ehemalige Sowjetrepubliken umfasst; Hauptsitz: Minsk, Weißrussland.
Oktoberrevolution: gewaltsame Machtübernahme durch die russischen kommunistischen Bolschewiki im Jahre 1917; sie bildete den Ausgangspunkt für den Aufbau der Sowjetunion.
Lenin: Begründer der Sowjetunion; seine Weiterentwicklung des Kommunismus wird als Leninismus bezeichnet.
Neue Welt: Bezeichnung für das von Christoph Kolumbus (wieder)entdeckte Amerika, das der bis dahin bekannten Alten Welt, bestehend aus Europa, Asien und Afrika, gegenübergestellt wurde.
BIP (Bruttoinlandsprodukt): Gesamtwert aller Waren und Dienstleistungen, die innerhalb eines Jahres in einem Land erzeugt werden (einschließlich der von Ausländern erbrachten Leistungen).
BSP (Bruttosozialprodukt)/ BNE (Bruttonationaleinkommen): Gesamtwert der von Inländern in einem Jahr erbrachten wirtschaftlichen Leistungen, unabhängig davon, ob sie im Inland oder Ausland erbracht wurden (aber ohne die Einkommen, die an Ausländer gehen).

Ländervergleich
Größe und Lagebeziehungen. Mit 17,1 Mio.km² bzw. 9,8 Mio.km² sind Russland und die USA das größte bzw. drittgrößte Land der Erde. Vergleicht man die Werte mit Europa und Australien (10 Mio.km² bzw. 7,7 Mio.km²), so kann man bei beiden Staaten mit Recht von **kontinentalen Ausmaßen** sprechen. Damit enden aber auch schon die Parallelen, zumindest, was Größe und Lagebeziehungen anbetrifft. Lässt man Alaska außer Acht, so liegt die Nordgrenze der USA bei etwa 50° n. B. (dies entspricht in etwa der Breitenlage von Frankfurt), während die Hauptmasse Russlands nördlich des 50. Breitenkreises liegt; mit ca. 20 % des Staatsgebietes reicht das Land noch über den nördlichen Polarkreis in den arktischen Bereich. Auch die Südgrenzen differieren erheblich: Sie liegt in den USA bei 25° n. B. und in Russland bei 41° n. B. Grob vereinfacht darf man also sagen: Die USA beginnt im Norden dort, wo Russland im Süden aufhört.
Raumweite und Küstendistanz. Der Begriff der „Raumweite" ist ambivalent zu sehen. Auf der einen Seite erhält er positive Aspekte wie den **Ressourcenreichtum** der beiden Länder oder die Tatsache, dass die räumliche Größe auch die Möglichkeit einer großen Nutzungsvielfalt enthält. Auf der anderen Seite relativiert sich der Begriff durch die Raumausstattung. Im Falle Russlands sind es die nutzungsfeindlichen, ausgedehnten Gebiete der Tundra und Taiga, im Falle der USA die Hochgebirgsregionen der Rocky Mountains und Kordilleren sowie die Trockenräume, wie z. B. die Gila- und Mojavewüste. Die großen Entfernungen stellen desgleichen ein Problem für den Gütertransport dar und tragen – zumindest im Falle Russlands – zu starken **regionalen Disparitäten** bei. Konzentriert sich die Bevölkerung Russlands auf den europäischen Landesteil, so findet dies – in abgeschwächter Form – sein Pendant in den USA in den Ballungsgebieten im Nordosten und im Gebiet südlich der Großen Seen sowie im dichter besiedelten Kalifornien.
Während man im Falle der USA von **Raumoffenheit** sprechen kann (Lage an drei Meeren: Pazifik, Atlantik, Golf von Mexiko), fehlt in Russland diese Offenheit (Gebirgsschranke im Süden, Eismeer als Barriere im Norden, eine größere Offenheit besteht lediglich nach [Süd-]Westen); die Situation Russlands ließe sich also eher mit **Isolation** umschreiben. Dies wird auch durch die Betrachtung der Küstendistanz belegt. Im Falle der USA ist sie relativ gering, zumal der St. Lorenz-Seeweg und die Großen Seen das Land tief erschließen. In Russland ist die Küstendistanz hingegen groß, da es wenige ungefährdete, eisfreie Meereszugänge gibt.
Politische Entwicklung. Völlig gegensätzlich verlief die politische Entwicklung. Während die USA von sich behaupten kann, die älteste **parlamentarische Demokratie** der Neuzeit zu sein, entwickelte sich Russland bzw. sein Vorgängerstaat, die Sowjetunion, im 20. Jh. zu einem **zentralistischen Einparteienstaat** auf der Basis der kommunistischen Ideologie. Erst mit der Auflösung der Sowjetunion 1991 vollzieht sich in Russland ein politischer Wandel zu einem demokratischen Staat (**Transformation**).

1.2 USA – Raumstrukturen und Entwicklungsprozesse

1.2.1 Das naturräumliche Potenzial

Rumpfgebirge: Gebirge, das aus dem Rumpf eines ehemaligen, d.h. abgetragenen Faltengebirges besteht, durch Erosion eingeebnet und später wieder emporgehoben wurde.

Faltengebirge: Hochgebirge, das dadurch entstand, dass zwei Platten der Erdkruste gegeneinander verschoben wurden, wodurch diese unter enormen Druck aufgefaltet und emporgehoben wurden.

Kontinentalität: Klimamerkmal im Inneren der Kontinente, gekennzeichnet durch eine hohe Temperaturamplitude und relativ geringe Niederschläge.

Trockengrenze: Grenzlinie zwischen aridem und humidem Klima; verläuft in den USA etwa parallel zu 98°w.L.

Tornado: außertropischer Luftwirbel mit Windgeschwindigkeiten bis 500 km/h; ein Tornado entsteht auf dem Festland (Zentrales Tiefland bis Chicago) zwischen trockener Kalt- und feuchter Warmluft, hat eine kurze Zugbahn, kann aber erhebliche Zerstörungen verursachen.

Hurrikan: tropischer Wirbelsturm mit hohen Windgeschwindigkeiten und starken Regenfällen; er entsteht über dem Meer, meist zwischen Juni und September und zieht in gebogener Bahn über den Südosten der USA.

Blizzard: Schneesturm in den USA, der durch Kaltlufteinbrüche verursacht wird.

Schwarzerde: fruchtbarer, auf Löss gebildeter Bodentyp mit einem mächtigen humusreichen Oberboden; er kommt in den USA vor allem in den feuchten Steppen westlich des Mississippi vor.

Steppe: baumarme bis baumfreie Vegetationsformation, die von Gräsern bestimmt wird; typisch sind geringe Jahresniederschläge (ca. 400–600 mm) bei sommerlicher Trockenheit.

Prärie: Sammelbezeichnung für verschiedene Steppentypen Nordamerikas, die sich meridional östlich der Rocky Mountains erstrecken; unterschieden werden, gemäß der zunehmenden Humidität nach Osten, die Kurzgrasprärie und die Langgrasprärie.

Großlandschaften	Großflächige meridional verlaufende Bauglieder: Westen: tertiäres Faltengebirge der pazifischen Küstenkette und der Rocky Mountains mit intermontanen Becken und Plateaus Mitte: Plateaulandschaft der Great Plains mit einzelnen nach Westen ansteigenden Schichtstufen, diluviales Gebiet der Großen Seen, alluviales Stromgebiet des Mississippi, Aufschüttungsland der Golfküstenebene Osten: paläozoisches Rumpfgebirge der Appalachen mit vorgelagertem Küstenstreifen
Klima	Aufgrund der großen Nord-Süd-Erstreckung kommen alle Klimate vom polaren Tundrenklima bis zum Tropenklima vor; Hauptteil liegt in den Mittelbreiten mit gemäßigtem Klima; infolge meridionalen Aufbaus der Großlandschaften große Nord-Süd-Durchlässigkeit; Abschirmung der Great Plains von den ozeanischen Einflüssen aus dem Westen durch die Kordilleren Alaska: polares Tundrenklima im Norden, boreales Waldklima im Süden und Westen nördliche Pazifikküste: ozeanisches Klima, kühl, ganzjährig feucht, geringe Temperaturschwankungen südliche Pazifikküste: Mittelmeerklima, feucht-gemäßigt im Winter, trocken-warm im Sommer Kordilleren: Hochgebirgsklima, Trockenheit in den intermontanen Becken Innere Ebenen: von Norden nach Süden differenziert gemäß der Temperaturzunahme, von Westen nach Osten differenziert gemäß der Zunahme der Niederschläge; charakteristisch für den Gesamtraum: geringe Niederschläge, große Jahresschwankungen der Temperatur (Kontinentalklima) Ostküste: durch Niederschläge vom Atlantik und der Golfküste ganzjährig feucht; stark ausgeprägte Temperaturschwankungen Südosten (etwa südlich 40°n.B.): subtropische Zone, ganzjährig feucht, milde Winter, warme Sommer Südspitze Florida: wechselfeuchtes Tropenklima
Böden	Verbreitung der Bodentypen entspricht weitgehend den Klimaregionen: westliches Gebirgsland: Parabraunerden im Norden, vereinzelt Schwarz- und Braunerden im kalifornischen Längstal, Halbwüsten- und Wüstenböden in den intermontanen Becken und Trockengebieten des Südwestens Great Plains: der nach Osten zunehmenden Feuchtigkeit entsprechend kastanienfarbene Böden im westlichen Teil, Schwarzerden im östlichen Teil humider Osten: Braunerden und Parabraunerden (Waldböden), Podsole im Norden südliches zentrales Tiefland/ Küstenebene: Roterden und Latosole, Schwemmlandböden (Alluvialböden)
potenzielle natürliche Vegetation	Im Osten breitenparallel angeordnete Vegetationsbänder: Tundra (Alaska; v.a. Moose und Flechten), sommergrüne Laub- und Mischwälder (Große Seen, Appalachen), subtropische Feuchtwälder, Mangroven (Golfküste, Florida) Great Plains, intermontane Becken: winterkalte Steppen (Prärie mit je nach Feuchtigkeit hohem/kurzem Gras, vereinzelten Baumgruppen oder Büschen) Kalifornien: Dornsträucher, Hartlaubgehölze Trockengebiete des Südwestens: Wüsten und Wüstensteppen intermontane, abflusslose Becken: Salzbuschformationen

1.2.2 Raumerschließung und Besiedlung

Frontier: Bezeichnung für den nach Westen vorrückenden Grenzsaum zwischen „Zivilisation" und „Wildnis" während der Erschließung Nordamerikas (Pionierzeit).
Trapper: Fallensteller und Pelztierjäger; sie waren vor allem in der ersten Phase des 19. Jh. während der Hochphase des Pelzhandels in Nordamerika tätig.
Squatter: ein Siedler, der sich ohne Rechtstitel auf einem Landstück niederlässt, in den USA auf noch nicht vergebenem Public Domain (Staatsland).
Ranch: Bezeichnung für einen Weidewirtschaftsbetrieb mit einer Betriebsfläche von mindestens 5 000 ha; in den Great Plains und den intermontanen Becken werden Größen von über 100 000 ha erreicht.
Plantage: bis ins 19. Jh. die charakteristische landwirtschaftliche Betriebsform im Süden der USA; Kennzeichen: kapital- und arbeitsintensiver Großbetrieb mit Monokultur (Baumwolle, Tabak).
Land Ordinance: die 1785 erlassene Land Ordinance bestimmte, dass die Vermessung neu erworbenen Staatslandes der Landvergabe an die Siedler vorauszugehen habe; als Vermessungssystem wurde die quadratische Landaufteilung festgelegt.
Homestead Act: „Heimstättengesetz" von 1862; es besagte, dass jedes amerikanische Familienoberhaupt 160 acres (65 ha) Land gegen eine geringe Gebühr erwerben konnte, wenn er das Land fünf Jahre bewohnte und bebaute; Grundlage für die Form der Familienbetriebe in den USA.
Public Domain: Staatsland, das dadurch entstand, dass die 13 Gründerstaaten der USA ihre öffentlichen Ländereien und ihre Ansprüche an die westwärtigen Gebiete an die Union abtraten; die Veräußerung an die Siedler im Rahmen des Homestead Act war die wesentliche Voraussetzung für die Erschließung und Besiedlung der Inneren Ebenen.

Die Besiedlung und Erschließung des Kontinents vollzog sich in drei Phasen: Kolonialzeit, Pionierzeit, Groß- und Weltmachtphase.
Kolonialzeit (vor 1776): Die Erschließung des Kontinents erfolgte vor allem von drei Gruppen: Franzosen drangen ab 1534 vom St. Lorenz-Strom und ab 1700 von der Mississippimündung her ins Landesinnere und gewannen den gesamten Tieflandsraum zwischen Appalachen und Rocky Mountains (Louisiana); Engländer fassten am atlantischen Küstensaum Fuß (1607 Kolonie Virginia) und besiedelten von da aus das Gebiet bis zum französischen und dem spanischen Siedlungsraum im Westen bzw. Süden; Spanier stießen von Mexiko aus ins heutige Arizona vor und gründeten 1609 als erste größere Siedlung die Stadt Santa Fe im heutigen Bundesstaat New Mexico.
Pionierzeit (1776–1890): Die weitere Erschließung des Kontinents begann, als die Kolonien ihre Unabhängigkeit 1783 erlangt hatten. Als **Frontier** schob sie sich in mehreren Schüben von Ost nach West: Auf die Trapper und Prospektoren folgten Squatter, Rancher und Farmer. Es entstanden die für die USA charakteristischen Nutzungs- und Betriebsformen in der Landwirtschaft (**Farm**, **Ranch**). Eine wesentliche Grundlage für die Erschließung waren die **Einwanderungswellen**, die zwischen 1820 und 1900 etwa 19 Mio. Europäer in die Neue Welt brachten. Leitlinien der Besiedlung waren zunächst die Flüsse und die Trails (Pionierweg und Herdenweg beim Viehtrieb), ab 1860 dann die **Transkontinentalbahnen**.
Groß- und Weltmachtphase (ab 1890): Ausgehend von der Verwertung der reichen Bodenschätze setzte im Nordosten die Phase der Industrialisierung ein. Pilotfunktion hatte, wie in fast allen Industrieländern, zunächst die Textilindustrie, dann die Montanindustrie und in einem dritten Schritt die Automobilindustrie. Sie bildete die Grundlage sowohl für das Entstehen der großen Industriegebiete im Manufacturing Belt als auch für die rasche Verstädterung im Nordosten bzw. an der Atlantikküste. Schnell kam es zur Ausweitung des wirtschaftlichen Einflusses (vor allem in Mittelamerika und Asien: „Dollarimperialismus"). Mit dem militärischen Eingreifen in Europa im Ersten und Zweiten Weltkrieg stiegen die USA schließlich auch zur politischen und militärischen „Supermacht" auf.

Die Rolle des Staates. Wesentliche Voraussetzungen für den Besiedlungs- und Erschließungserfolg waren die Eigenstaatlichkeit der Amerikaner, der große Einwanderungsstrom, die Landvergabepolitik und die Errichtung eines Verkehrsnetzes.
Die **Eigenstaatlichkeit** ermöglichte den systematischen Landerwerb, der 1850 mit den letzten Erwerbungen abgeschlossen war. Große Teile der erworbenen Territorien wurden als **Public Domain** Instrument der Siedlungs- und Raumordnungspolitik. Die **Land Ordinance** von 1785 legte das quadratische Landvermessungssystem fest, das im Zentralraum die Besitz- und Siedlungsformen prägte. Der **Homestead Act** von 1862 schuf die Voraussetzung dazu, den Siedlern eine Existenzgrundlage zu schaffen. Jeder Bürger älter als 21 Jahre konnte gegen eine geringe Gebühr 65 ha Land kaufen. So wurden ca. 116 Mio. ha Staatsland nach dem Heimstättengesetz vergeben, 140 Mio. ha verkauft und ca. 40 Mio. ha an Eisenbahngesellschaften verschenkt.
Der Staat förderte in besonderem Maße den Verkehrsausbau: durch die Anlage von Wasserwegen (1825 Eriekanal, 1848 Illinois-Michigan-Kanal) und die Begünstigung der Eisenbahngesellschaften (kostenlose Landvergabe).

1.2.3 Agrarwirtschaft im Wandel

Belt (hier: Landwirtschaftsgürtel): agrarwirtschaftlich weitgehend einheitlich genutztes Gebiet in den USA; gleiche bzw. ähnliche Naturbedingungen und eine starke Marktorientierung führten zu einer Spezialisierung auf bestimmte Agrarprodukte.

agronomische Trockengrenze: Grenze des Regenfeldbaus, d. h. Grenze, bis zu der die Niederschläge für den Ackerbau ausreichen.

dry farming (Trockenfarmen): Anbaumethode im Bereich der agronomischen Trockengrenze; wegen zu geringer Niederschläge wird das Niederschlagswasser durch Bearbeitung des Bodens meist mehrere Jahre im Boden angereichert.

Diversifizierung: Hinwendung zu einer Produktionsvielfalt; der Begriff wird sowohl in der Landwirtschaft als auch in der Industrie verwendet.

Fruchtwechselsystem: geregelte Anbaufolge von Nutzpflanzen auf einem Feld im Ablauf mehrerer Jahre; es wechseln z. B. Blattfrüchte (Rüben, Kartoffeln) mit Halmfrüchten (Getreide).

Intensivierung: Maßnahmen zur Steigerung der Produktion und Produktivität, z. B. durch Mechanisierung, verstärkten Düngemitteleinsatz, Ausdehnung des Bewässerungsfeldbaus.

Agrobusiness: agrarindustrielle Produktions- und Betriebsform, bei der im Extremfall alle Produktionsstufen – von der Beschaffung der Rohstoffe über die Produktion bis zur Vermarktung – eingeschlossen sind.

feedlot: großer hochtechnisierter Viehmastbetrieb, in dem in Offenställen Tausende von Tieren zur Schlachtreife gebracht werden.

Räumlicher Wandel. Aufgrund der großen Teilräume mit gleichartigen Naturbedingungen (Relief, Klima, Boden) und der strikten Orientierung der Betriebe am Markt kam es zur Ausbildung von Nutzungsgürteln, sogenannten **Belts**, bei denen ein oder nur einige wenige Produkte dominierten. Beispiele: Baumwollgürtel (Cotton Belt), Weizengürtel (Wheat Belt), Maisgürtel (Corn Belt). Seit den 1950er Jahren erfuhren die meisten Belts grundlegende Veränderungen, die im Laufe der Zeit zu einer Umwandlung, in einzelnen Fällen auch zur Auflösung eines Belts führten. An die Stelle eines monokulturartigen Anbaus (reine Monokulturen hat es für gesamte Belts nie gegeben) herrschen heute im Ackerbau weitgehend **Fruchtwechselsysteme** vor.

Gründe für den Wandel:

- verändertes Nachfrageverhalten der Verbraucher erzwingt Umstellungen,
- Ausweitung der Bewässerungswirtschaft hebt die Einschränkung durch die Trockengrenze auf, in anderen Gebieten lassen sich durch Bewässerung u. U. höhere Erträge erzielen,
- durch Saatzuchterfolge lassen sich bestimmte Pflanzen auch in anderen Klimaten anbauen,
- die intensive Bodenbeanspruchung (Monokulturen auf großen Flächen) erfordert eine Fruchtwechselwirtschaft,
- gleiches gilt für die Schädlingsausbreitung in Monokulturen,
- Überangebote auf dem Weltmarkt bei einzelnen Produkten erzwingen eine Anbaudiversifizierung,
- erhöhter Kapitaleinsatz (Großbetriebe) ermöglicht den Anbau sonst nicht oder weniger lohnender Produkte.

Struktureller Wandel. Die drei typischen amerikanischen Betriebsformen Plantage, Ranch und Farm erfuhren seit etwa Mitte des vergangenen Jahrhunderts grundlegende Veränderungen. Konnte anfänglich die steigende Nachfrage nach Lebensmitteln und landwirtschaftlichen Industrierohstoffen durch die Vergrößerung der Anbauflächen erreicht werden, war mit knapper werdenden Flächen eine Steigerung der Produktion nur durch eine Intensivierung des Anbaus möglich. Die entscheidenden Maßnahmen zur Steigerung von Produktion und Produktivität waren:

- Mechanisierung und technische Perfektionierung der landwirtschaftlichen Arbeiten,
- Ausdehnung der künstlichen Bewässerung in vormals klimatisch ungeeignete Gebiete,
- Einsatz von hoch ertragreichem Saatgut,
- vermehrter Düngemitteleinsatz,
- Steigerung des Energie- und Kapitaleinsatzes in den Betrieben.

Folgen dieser „landwirtschaftlichen Revolution“:

- Rückgang der Zahl der Farmen und der Beschäftigten,
- Herausbildung einer dualen Struktur: geringe Zahl von Großbetrieben, große Zahl von Kleinbetrieben und Teilzeitfarmen,
- Konzentration der Produktion auf Großbetriebe, z. B. Rinderhaltung in **feedlots** oder Geflügelproduktion in großen Mastbetrieben,
- Entstehung großer agrarindustrieller Komplexe (**Agrobusiness**) mit einer starken vertikalen und horizontalen Konzentration, bei denen alle Produktionsstufen in einer Hand sind: vom Saatgut bis zur Vermarktung, von der Hähnchenmast bis zur Tiefkühlkette.

In manchen Gebieten verfiel die Mechanisierung und Technisierung zu einer Raubbauwirtschaft mit z. T. erheblichen **ökologischen Schäden** (z. B. Bodenerosion, übermäßige Beanspruchung des Wasserhaushalts, Bodenversalzung bei übermäßiger Bewässerung). Gleichzeitig führte der hohe Kapitalbedarf (z. B. für Energie, Düngemittel) viele Farmen in den Ruin, so dass es in manchen Gebieten zu einem regelrechten **Farmsterben** kam.

1.2.4 Industrie und Tertiärer Sektor

Manufacturing Belt (auch Rust Belt = Rostgürtel oder Frost Belt): ältestes Industriegebiet der USA; es erstreckt sich im Nordosten entlang der Großen Seen von Chicago über New York bis nach Boston.
Sun Belt: Bezeichnung für das Gebiet südlich des 37. Breitenkreises der USA; es hat sich – im Gegensatz zum Manufacturing Belt – in den letzten Jahrzehnten zu einer wirtschaftlichen „Zukunftsregion" entwickelt, gekennzeichnet von einer starken Bevölkerungszunahme.
Altindustriegebiet: Raum früher Industrialisierung, meist basierend auf Textil- und Montanindustrie.
Deindustrialisierung: Abbau von Arbeitsplätzen und Rückgang von Betrieben des Industriesektors; typisch für Altindustriegebiete.
Tertiärisierung: Rückgang von Arbeitsplätzen und Betrieben des Sekundären Sektors zugunsten des Tertiären Sektors; im engeren Sinne Übernahme von Dienstleistungsaufgaben in Betrieben des Sekundären Sektors.
Industriepark: in den Suburbs oder außerhalb der Städte verkehrsgünstig an Highways gelegenes Gewerbe- und Industriegebiet, meist der Leichtindustrie und des High-Tech-Bereichs; vorherrschend sind Mittel- und Kleinbetriebe.
Fordismus: Bezeichnung für ein nach dem Automobilunternehmer Henry Ford benanntes Wirtschaftssystem; Kennzeichen: Massenproduktion, Massenkonsum, Fließbandfertigung.
Postfordismus: Wirtschaftssystem, das den Fordismus abgelöst hat; im Gegensatz zu diesem setzt der Postfordismus auf eine Flexibilisierung der Arbeitsorganisation, auf eine Produktion in kleinen Serien, Produktdifferenzierung, erhöhte Forschungsinvestitionen und höher qualifizierte Arbeitskräfte.

Anfänge der Industrie. Die industrielle Entwicklung in den USA begann praktisch erst um die Mitte des 19. Jahrhunderts. Vorher gab es lediglich einige Industriestandorte an der Nordostküste (Produktion von landwirtschaftlichen Maschinen und Werkzeugen für die Siedler), in den Hafenstädten der Ostküste (Schiffsbau) und in den Baumwollanbaugebieten des Südostens (Textilindustrie). Die wichtigsten Voraussetzungen für die industrielle Entwicklung ab ca. 1850 waren:
- der Bau der Transkontinentalbahnen mit seinem großen Bedarf an Eisen und Stahl,
- die Entdeckung der Steinkohlenlagerstätten im Appalachengebiet (Steinkohlenkoks ersetzt Holzkohle in der Eisenerzeugung),
- die Verwendung der Dampfmaschine als industrielle Antriebskraft,
- die Einführung der Massenproduktion am Fließband (Fordismus),
- die konsequente Anwendung kapitalistischer Wirtschaftsmethoden (Gewinnmaximierung und Konkurrenzdenken).

Konzentration im Nordosten. Auch in der Folgezeit konzentrierte sich die industrielle Entwicklung auf den Nordosten. Hier, im sogenannten **Manufacturing Belt**, befinden sich auch heute noch der Großteil der industriellen Kapazität, die wichtigsten Häfen, Finanzplätze und Kommunikationszentren. Gleichzeitig weist diese Region auch den höchsten Verstädterungsgrad auf. Sie gilt als die bedeutendste Industrielandschaft, mit einer vielfältigen Industriestruktur, wobei der Schwerpunkt lange Zeit bei der Eisen- und Stahlerzeugung, dem Automobilbau, dem Maschinenbau und der Nahrungsmittelindustrie lag. Die maßgeblichen Standortfaktoren waren:
- **günstige Verkehrslage:** Flusssysteme von Ohio, Hudson, Mississippi, St. Lorenz, Große Seen;
- ein dichtes Eisenbahnnetz, Lage an der Europa zugewandten Ostküste;
- **günstige Rohstoffversorgung:** Steinkohlenvorkommen, Eisenerz, landwirtschaftliche Rohstoffe;
- **großes Arbeitskräftepotenzial und große Nachfrage:** Bevölkerungsballungen in der hoch verstädterten Region, Migranten aus Europa.

Niedergang des Manufacturing Belts. In den 1960er Jahren geriet der Manufacturing Belt, wie die meisten **Altindustriegebiete** Europas auch, in eine tiefe Krise. Die Ursachen des Niedergangs waren vielfältig:
- Die Steinkohle verlor im Konkurrenzkampf mit dem Erdöl als Energielieferant an Bedeutung.
- Die Verwendung hochprozentiger und preiswerter Eisenerze aus dem Ausland (Venezuela, Brasilien, Kanada) begünstigte die Verlagerung der Stahlerzeugung an die atlantische Küstenregion und den Golf von Mexiko.
- Kriegswichtige Branchen wurden während des Zweiten Weltkrieges an die Westküste verlagert.
- Die Agglomerationsvorteile (Vorteile, die sich aus der Ballung von Menschen, Siedlungen und Wirtschaft ergeben) wirkten sich mit fortschreitender Industrialisierung immer nachteiliger aus: Mangel an Nutzflächen bei steigenden Preisen, hohes Lohnniveau, Überlastung der Infrastruktur, Umweltbelastungen.

Es kam zu umfassenden Betriebsschließungen (Deindustrialisierung) und massiven Bevölkerungsabwanderungen. Der Manufacturing Belt wurde zum **Rust Belt**. Erst in jüngerer Zeit ist in einigen Regionen des Manufacturing Belts eine Wiederbelebung zu erkennen, von dem vor allem Universitätsstädte und Forschungszentren profitieren, in denen sich verstärkt Betriebe der High-Tech-Branche niederließen.

Neue Wachstumszentren. Der Bedeutungsverlust des Manufacturing Belts ging einher mit einer Dezentralisierung der industriellen Standorte, was ein neues Verteilungsmuster ergab. Der seit etwa 1950 ablaufende Prozess lässt sich vereinfachend mit dem Schlagwort **„Süd- und Westwanderung“** umreißen.
Die stärksten Zuwachsraten erzielte der **Sun Belt**. Den Anstoß gaben staatliche Initiativen: Aufbau einer Rüstungs- und petrochemischen Industrie an der Golfküste, der Ausbau von Häfen und Verkehrssystemen, Durchführung von Wasserbauprojekten. Weitere Standortfaktoren waren: günstige Bodenpreise, niedriges Lohnniveau, klimatische Vorzüge, bessere Lebensbedingungen.
Die energieintensive **Aluminiumindustrie** siedelte sich in Gebieten mit einem großen Angebot an preiswerter Energie an (z. B. Wasserkraft an der nördlichen Pazifikküste, Erdöl an der Golfküste). Diese war wiederum eine Grundlage für die **Flugzeugindustrie**: z. B. in Seattle, Los Angeles und New Orleans.
Keine klare räumliche Konzentration lässt sich bei der **elektrotechnischen und elektronischen Industrie** erkennen. Ihre wichtigsten Standortfaktoren sind: Nähe zur Flugzeug-, Raketen- und Rüstungsindustrie sowie zu technischen Universitäten und Forschungszentren (z. B. Silicon Valley, Boston, North Carolina).

Tertiärisierung. Waren im „Industriezeitalter“ einige große Branchen, wie z. B. die Schwer-, Fahrzeug- und petrochemische Industrie, die Triebkräfte der Wirtschaft, so ist heute der Tertiäre Sektor der wichtigste Motor der Wirtschaftsentwicklung. Er konzentriert sich vor allem in den Metropolitanräumen. Sie wachsen stetig und schaffen mehr Arbeitsplätze als andere Regionen oder Länder im internationalen Vergleich. So erwirtschaftet die Agglomeration New York ein größeres BIP als Australien und Atlanta ein größeres als Finnland.

M 1 Beschäftigtenentwicklung in ausgewählten Zweigen (Anteil an der Gesamtbeschäftigung in %)

Zweig	1980	1990	2000	2007
Industrie	22	18	15	14
Transport und Verkehr	7	7	7	7
Groß- und Einzelhandel	20	21	21	22
Banken, Versicherungen	6	7	6	6
Unternehmensbezogene Dienstleistungen	4	6	7	8
Personenbezogene Dienste (v.a. Bildung, Gesundheit, Soziales)	20	21	24	25
Öffentlicher Dienst	5	6	4	4

Nach www.statemaster.com

1.2.5 Stadt und Bevölkerung

Verstädterung: Wachstumsprozess städtischer Siedlungen; drei Merkmale: a) Wachsen des Anteils der städtischen Bevölkerung an der Gesamtbevölkerung (Verstädterungsgrad), b) Bevölkerungszunahme in den Städten, c) Zunahme der Zahl der Städte.
urbanized area: Gebiet mit Stadtcharakter im Umkreis einer Stadt etwa bis zur Pendlereinzugsgrenze.
Metropole: Hauptstadt eines Landes oder Millionenstadt mit herausragender wirtschaftlicher, politischer und gesellschaftlicher Bedeutung.
Downtown: Bezeichnung für die City einer nordamerikanischen Großstadt.
Central Business District (CBD): Teilgebiet der Downtown; höchst zentrales Einkaufsgebiet, durchsetzt von Büros, Verwaltungen und Hotels.
Suburb: Gemeinde im unmittelbaren städtischen Umland; deutsch: Vorstadt.
Suburbanisierung: Abwanderung von Teilen der Bevölkerung, des Gewerbes und von Dienstleistungseinrichtungen aus der Kernstadt an den Stadtrand oder ins städtische Umland.
urban sprawl: US-amerikanische Bezeichnung für das flächenmäßige Ausufern der Städte.
Gated Community: abgeschlossene, gesicherte Wohnanlage; sie werden vor allem von wohlhabenden Bevölkerungsgruppen bewohnt, die sich aus Sicherheitsgründen oder im Wunsch nach Exklusivität von den anderen Bewohnern der Stadt absondern möchten.
Mall: ein höherwertiges großes Einkaufszentrum in Form einer überdachten Fußgängerzone mit Fachgeschäften, Restaurants, Vergnügungsstätten und anderen Dienstleistungseinrichtungen, häufig in mehreren Etagen angeordnet; in jüngerer Zeit haben viele Malls an Bedeutung verloren.
edge city: Teilzentrum einer Stadt, meist in verkehrsgünstiger Lage an Kreuzungen von Highways, mit Büros und Dienstleistungseinrichtungen, aber nur geringer Wohnfunktion.
Parallelgesellschaft: mit dem Wort wird zum Ausdruck gebracht, dass die Idee von der multikulturellen Gesellschaft gescheitert ist, diese vielmehr in voneinander isolierte Gruppen gespalten ist.
Segregation: Prozess und Zustand der räumlichen Trennung und Abgrenzung von sozialen Gruppen gegeneinander; Segregation betrifft Gruppen, die sich aufgrund der Rasse, Hautfarbe, Sprache oder Religion von der übrigen Bevölkerung unterscheiden.
Fragmentierung: Auflösen/Zerbrechen einer Stadt in sozial stark gegensätzliche Viertel; oft Ergebnis von selektiven Wanderungsprozessen (Abwanderung der Oberschicht, Nachrücken der Unterschicht).

Verstädterung. Die USA sind eine hoch verstädterte Nation. Nach offiziellen Angaben leben 81 % der Bevölkerung in Städten. Rechnet man zur Stadtbevölkerung zusätzlich den Anteil hinzu, der „auf dem Land“ lebt, nach Berufszugehörigkeit und Lebensstil jedoch als „städtisch“ einzustufen ist, so sind heute annähernd 95 % der Gesamtbevölkerung der USA „Städter“.
Der **Verstädterungsprozess** setzte erst gegen Ende des 19. Jahrhunderts ein, also viel später als in Europa; und anders als in Europa haben sich die Städte der USA in kurzer Zeit zu beachtlichen Größen entwickelt. Insgesamt verzeichnet das Land heute 34 Städte mit mehr als 500 000 Einwohnern, 1970 waren es erst 20. Die rapide Verstädterung zeigt sich nicht nur im Bevölkerungswachstum der Städte, ausnahmslos geht damit ein enormes Flächenwachstum einher, man spricht vom **„urban sprawl“** (Wuchern der Städte). So wachsen in einigen Regionen die Städte zu riesigen Städtebändern (**„strip cities“**) zusammen, wie die **Megalopolis** von Boston über New York bis Washington an der atlantischen Küste („Boswash“), zwischen Chicago und Pittsburgh („Chipitts“) südlich der Großen Seen oder von San Diego über Los Angeles bis San Francisco („Sansan“) in Kalifornien.

Erscheinungsbild der US-amerikanischen Städte. Die Städte der USA sind ganz anders als die in Europa. Merkmale US-amerikanischer Städte:
- Sie sind jung; die meisten wurden erst im 19. Jahrhundert gegründet, haben also keine Tradition wie die europäischen.
- Ihnen fehlt ein markantes Zentrum, wie z. B. ein Marktplatz mit Rathaus, Dom, eine Burg oder ein Schloss.
- Charakteristisch ist der **Schachbrettgrundriss** mit seinen in der Regel nordsüdlich und westöstlich verlaufenden Straßen – Ergebnis der Einpassung in das System der quadratischen Landvermessung (vgl. Kap. 1.2.2).
- Ihre flächenhafte Ausdehnung ist beträchtlich, vor allem infolge der lockeren Einzelhausbebauung in den Wohnvororten (Suburbs).
- Prägendes Merkmal des Aufrisses ist die Hochhausbebauung im Zentrum; primäre Gründe dafür sind nicht Raummangel oder hohe Grundstückspreise, sondern vielmehr Fühlungsvorteile der Wirtschaftsunternehmen (Tertiärer Sektor).

Funktionale Gliederung. Die US-amerikanischen Städte besitzen eine weitgehend einheitliche funktionale Gliederung.
Die Innenstadt (**Downtown**) ist das Wirtschaftszentrum der Stadt. In ihrem Kern, dem **Central Business District (CBD)**, konzentrieren sich hochrangige Einrichtungen des Tertiären Sektors, vielfach in Wolkenkratzern untergebracht. Der an den CBD angrenzende Innenstadtbereich weist bereits eine stärkere Mischfunktion auf: Gewerbebetriebe, Einzelhandelseinrichtungen, Parkhäuser, Hotels, Freizeiteinrichtungen, Kongress- und Tagungsgebäude. Während der Industrialisierung siedelten sich hier die Zuwanderer an und es entstanden rassisch-ethnische Viertel, wie Little Italy oder Chinatown. Ausgedehnte Brachflächen, eine verfallende Bausubstanz (**Slums**) und Wohnungsleerstände weisen auf den Bedeutungsverlust dieses städtischen Teilraums hin. Im Rahmen von Maßnahmen zur Downtown-Aufwertung entstanden hier seit den 1980er Jahren Megaprojekte mit gemischten Nutzungsformen und Enklaven des gehobenen Lebensstils, die **Gated Communities**.
Im krassen Gegensatz zur Downtown und der Übergangszone stehen die **Suburbs**. Hier dominieren Eigenheime in lockerer, monotoner Bebauung, durchsetzt mit shopping centers, **Malls** und Industrieparks. Ein jüngeres Element in den Suburbs stellen die **edge cities** dar. Das sind urbane Subzentren, die alle Funktionen einer City aufweisen. Den Kern bilden große Bürozentren (**office parks**) mit Banken sowie Verwaltungen größerer Unternehmen.

Soziale Fragmentierung. Seit den 1980er Jahren zeigt sich ein wachsendes Wohlstandsgefälle in den USA: Die Vermögensverteilung verschiebt sich immer stärker zugunsten der Wohlhabenden, die Zahl der absolut Armen, bei denen die existenzielle Grundversorgung nicht mehr gewährleistet ist, steigt unaufhaltsam. Betroffen von der **„neuen Armut“** sind vor allem ethnisch-rassische Minderheiten. Extreme Einkommensdisparitäten sind inzwischen ein Charakteristikum aller großen Städte geworden, wo sich – dem Slogan vom **„melting pot“** hohnsprechend – **Parallelgesellschaften** ausgebildet haben. Weite Innenstadtgebiete sind hier von den Wirtschaftskreisläufen abgekoppelt.
Die hohe Mobilität der US-Amerikaner hat schon in der Vergangenheit zu Entmischungen geführt: Man zog in das Stadtviertel, das dem eigenen Status entspricht; ethnische Minderheiten (Schwarze, Chinesen, Puertorikaner, Italiener, Polen, Hispanics) bevorzugten das gemeinsame Wohnen in separaten Vierteln. Kamen die Zugehörigkeit zur Lower Class und Diskriminierung aufgrund der Hautfarbe oder der rassischen Herkunft zusammen, bildeten sich **Gettoformen**. Die Wohngebiete wurden zu **Slums**, da sich Sanierungs- und Aufwertungsmaßnahmen für die Eigentümer (und die Stadtverwaltung) nicht „lohnten“. Ihren räumlichen Ausdruck findet die soziale **Segregation** in dem Nebeneinander von **Gated Communities** sowie **Inner City Poverty Areas** und **Hyper-Gettos**. Letztere haben inzwischen Ausmaße erreicht, die europäischen Mittelstädten entsprechen.
Die US-amerikanische Stadt ist heute eine **fragmentierte Stadt**, in der einerseits dem Verfall der Kernstädte das Wachstum der Suburbs gegenübersteht und andererseits eine Unterteilung in reiche und arme Bevölkerungsgruppen erfolgt.

1.3 Russland zwischen Planwirtschaft und Marktwirtschaft

1.3.1 Das naturräumliche Potenzial

Orografie: die Gliederung eines Raums in Großlandschaften auf der Basis des Reliefs.
Pleistozän: Zeitalter der Eiszeiten, ca. 1 Mio. bis 10.000 Jahre vor unserer Zeitrechnung; in ihm wurden große Teile der Erdoberfläche – auch in Russland – glazial (eiszeitlich) überformt.
Kontinentalität: in Russland der bestimmende Klimafaktor mit zunehmender Kontinentalität von West nach Ost; kalte bis sehr kalte Winter, sehr warme bis heiße Sommer.
Geofaktoren: die natürlichen Gegebenheiten, die das Aussehen der Landschaft prägen.
Morphologie: Beschaffenheit, Ausprägung der Erdoberfläche (Berge, Talungen, Ebenen usw.).
Bodentypen: Böden mit gleichem Entwicklungsstand und damit gleicher Ausprägung der einzelnen Bodenhorizonte, z. B. Podsol, Schwarzerde, Braunerde.
Tschernosem, Schwarzerde: Bodentyp mit einem mächtigen humusreichen Oberboden; kommt vor allem in den kontinentalen Wald- und Grassteppen Russlands, der Ukraine und des nördlichen Kasachstans vor; wird hier bevorzugt für den Weizenanbau genutzt.
Taiga: Gürtel des borealen Nadelwalds (boreal: griech. = nördlich), besonders in Sibirien; äußerst bedeutsam für die Holzgewinnung in großen Holzkombinaten.
Tundra: vegetationsarme Kältesteppe der Nordhalbkugel, bes. großräumig in Nordrussland; vor allem niedrige Hölzer, Sträucher, Gräser, Moose, Flechten; nutzungsfeindlich.
energetische Rohstoffe: umfassen die zahlreichen in Russland vorkommenden Primärenergieträger wie Stein- und Braunkohle (Eisen schaffende Industrie, Stromerzeugung), Erdöl und Erdgas (Raffinierung, Export), Uran (Stromerzeugung, Export) und Wasser (Stromerzeugung).
Vegetationsperiode: die Zeit, in der Pflanzenwachstum möglich ist; > 5 °C Tagesmitteltemperatur.
Permafrostboden/deutsch: Dauerfrostboden: ganzjährig gefrorener Boden, der in den Sommerwochen höchstens oberflächlich auftaut; eines der großen Nutzungshemmnisse Russlands, da er mit ca. neun Millionen Quadratkilometern rund 53 % der Fläche des Landes einnimmt.
Agrardreieck: Gebiet intensiver agrarischer Nutzung in der Sowjetunion bzw. ihren heutigen Nachfolgestaaten; es erstreckt sich keilförmig zwischen Ostsee und nördlichem Kaspischen Meer (Westen) bis zum Baikalsee (Ostspitze des Keils); begrenzt wird es im Norden vor allem durch die niedrigen Temperaturen und den Permafrostboden, im Süden durch die zunehmende Trockenheit.

Schon die **Bevölkerungsverteilung** Russlands gibt erste Hinweise auf die natürlichen Gunst- und Ungunsträume des Landes. Wie ein Keil erstreckt sich zwischen Smolensk (südlich von St. Petersburg) und Sotschi (am Schwarzen Meer) bis nach Nowosibirsk ein Gebiet relativ hoher Bevölkerungsdichte und Urbanisierung. Es umfasst damit den größeren Teil des europäischen Russland (außer dem nördlichen Drittel) sowie den Südural und die südlichen Regionen Westsibiriens; die anderen Räume, also der flächenmäßig größere Teil des Landes, sind äußerst dünn besiedelt.
Obwohl es für die Bevölkerungsverteilung eines Landes unterschiedliche Gründe gibt, wie z.B. historische oder sozio-ökonomische, entspricht ihr Bild in Russland doch auch den naturgeographischen Bedingungen. Zu ihnen gehören im Wesentlichen die folgenden Faktoren:

Relief und Großlandschaften. Gunsträume sind hier vor allem das Osteuropäische Flachland – von Wolga, Don und Dnjepr durchflossen –, die südlichen Ausläufer des Ural mit der sich anschließenden Kaspischen Senke und dem Tiefland von Turan sowie die von Flüssen und Seen gebildeten Beckenlandschaften in Südsibirien. Besondere Ungunsträume stellen dagegen die Gebirgslandschaften Mittel- und Ostsibiriens dar.

Klima. Die klimatischen Grenzen werden vor allem durch die **Kontinentalität** mit abnehmenden Temperaturen nach Osten hin bestimmt. Moskau weist mit Temperaturen von 17,8 °C im Juli, –10,3 °C im Januar und 4 °C im Jahresmittel bereits ein stark kontinentales Klima auf; im ostsibirischen Jakutsk liegen die entsprechenden Werte dann sogar bei 18,8 °C, –43,2 °C und –10,2 °C. Als weiteres prägendes Klimamerkmal ist die zunehmende Trockenheit nach Süden hin zu nennen.
Dieser Faktor beschränkt die Nutzung der Räume durch den Menschen. Die in großen Teilen Russlands **zu kurze Vegetationsperiode** lässt in Verbindung mit dem über die Hälfte des Landes umfassenden **Permafrostboden** häufig keine agrarische Nutzung zu. Letzterer stellt auch ein Hemmnis für die Förderung von Bodenschätzen (z. B. Erdöl und Erdgas im nördlichen Westsibirien) sowie für die Errichtung von Siedlungen und Infrastruktureinrichtungen dar. Die wichtigsten Ursachen für das herrschende Klima sind: die nördliche Lage im Gradnetz, die kontinentale Tiefe des Raums nach Osten hin, die Lage an kalten Nordmeeren (Nordpolarmeer, nördlicher Pazifik), das winterliche asiatische Kältehoch.

M 1 ***Vegetationszonen***

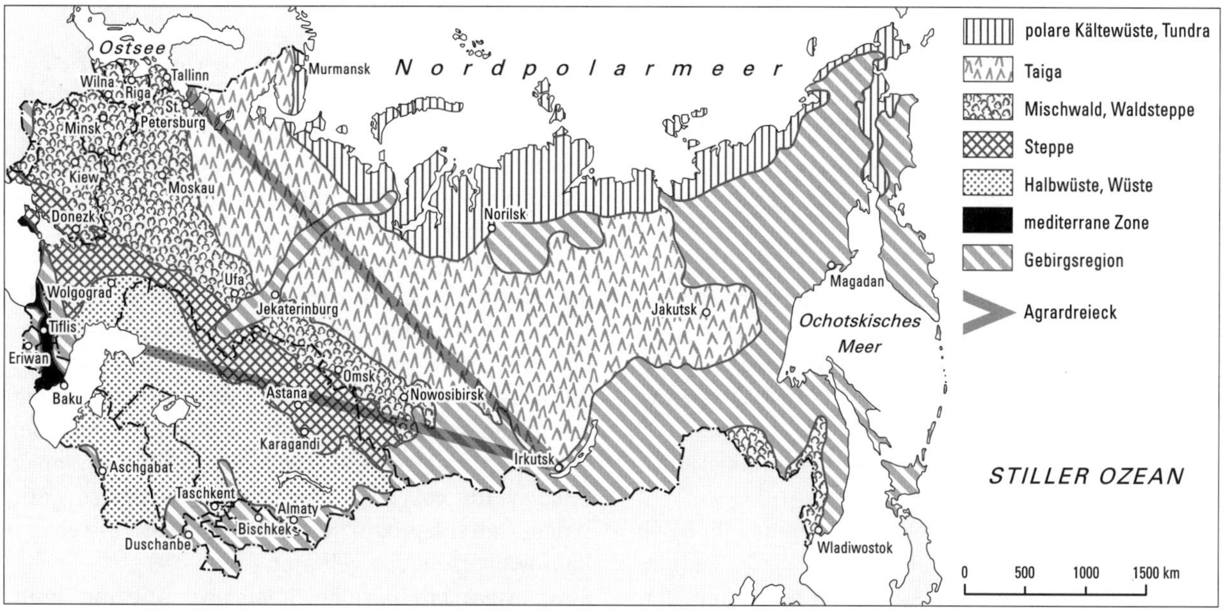

Böden. Ihre Bildung hängt eng mit den klimatischen Gegebenheiten zusammen, und zusammen mit diesen bestimmen sie die agrarischen Nutzungsmöglichkeiten und -formen. Die vorherrschenden Böden sind:

- der gering fruchtbare **Podsol**, bei dem durch das humide Klima die organischen und mineralischen Stoffe aus den oberen Horizonten ausgewaschen sind; er ist der typische Boden für die anspruchslose Vegetation (Kiefern, Lärchen, Birken) der **Taiga**;
- die **Schwarzerde**, nach dem Russischen auch **Tschernosem** genannt, fruchtbarer Steppenboden mit einem mächtigen Humushorizont, der eine vielfältige agrarische Nutzung zulässt, in milden Klimaten z. B. den Weizenanbau; er ist allerdings nach der Rodung bzw. Ernte stark erosionsgefährdet;
- der **kastanienfarbige Boden** der kontinentalen Trockengebiete, der in der Regel mineralreich sowie wasser- und luftdurchlässig ist und damit auch relativ fruchtbar, wobei Ackerbau jedoch meist nur mit Bewässerung möglich ist; er kommt in Russland allerdings lediglich marginal am Kaspischen Meer vor;
- die fruchtbare **Braunerde** des gemäßigt-humiden Klimas mit Laubwald als natürlicher Vegetation, ähnlich wie in Mitteleuropa.

Das Zusammenspiel von Oberflächenformen, Klima und Bodenbeschaffenheit (einschließlich des Dauerfrostbodens) hat in der ehemaligen Sowjetunion zur Herausbildung des sogenannten **Agrardreiecks** geführt, dessen räumlich weitaus größter Teil im heutigen Russland liegt. Es dokumentiert gleichzeitig die Begrenzung der Raumnutzung und macht dadurch deutlich, wie groß die Fläche ist, die dem Menschen – zum Beispiel für eine landwirtschaftliche Nutzung – nicht zur Verfügung steht.

Zum naturräumlichen Potenzial Russlands gehören neben Relief, Klima und Böden auch die **natürlichen Ressourcen**. Hier sind vor allem drei Bereiche zu nennen: die gewaltigen Holzvorräte der Taiga, der ungeheure Rohstoffreichtum sowie das Wasser der großen Ströme.

Holz wird seit der sowjetischen Zeit in großen Holzkombinaten wie im südsibirischen Bratsk geschlagen und verarbeitet. Zu den bedeutendsten Rohstoffen gehören die energetischen, z. B. die Steinkohlenvorkommen im Kusnezker Becken als Basis für die Stromerzeugung und die Eisen und Stahl erzeugende Industrie. Auch die Erdgas- und Erdölvorkommen am westlichen Ural und im nördlichen Westsibirien, die zum einen die Grundstoffe für Raffinerien und die chemische Industrie liefern, zum anderen eine herausragende Bedeutung für den Export haben, spielen eine wichtige Rolle. Zwar gab es hier Rückgänge im ersten Jahrzehnt der Transformation zu verzeichnen, doch bewegen sich die Förder- und Liefermengen seit 2000 wieder konstant nach oben. Russland ist heute der weltgrößte Exporteur von Erdgas und einer der größten beim Erdöl. Allerdings sind die Reserven zeitlich stark begrenzt; wird im bisherigen Umfang weiter gefördert, dann ergibt sich beispielsweise beim Öl nur noch eine Reichweite von rund 19 Jahren. Von besonderer Bedeutung ist bei den energetischen Rohstoffen das Unternehmen Gazprom, Russlands größter Konzern (auch hinsichtlich der Arbeitsplätze: 350 000). Es baut auch in Verbindung mit deutschen Firmen die umstrittene Ostseepipeline. Die Ressource Wasser schließlich findet sich in den großen Strömen; genutzt wird sie vor allem zur Stromerzeugung an den Staustufen von Wolga, Jenissei oder Angara. Für den Warentransport spielen die Flüsse dagegen kaum eine Rolle, da sie entgegen der Haupttransportrichtung von Süd nach Nord verlaufen und die sibirischen Ströme in das für den Handel gänzlich unbedeutende Nordpolarmeer münden.

1.3.2 Raumerschließung und Besiedlung

Raumerschließung: Vordringen des Menschen in Naturräume, um diese siedlungsmäßig und wirtschaftlich ‚in Wert zu setzen'.
Transsib: Kurzform für die Transsibirische Eisenbahn, mit der nach 1870 die planmäßige Erschließung Sibiriens begann.
Planwirtschaft: Zentralverwaltungswirtschaft, in ihr wurden alle wirtschaftlichen Entscheidungen und Planziele für die gesamte Sowjetunion zentral getroffen und festgelegt; die Starrheit dieses Systems stellte nach 1991 ein wesentliches Hindernis für die Transformation zur Marktwirtschaft dar.
Gosplan: Behörde in Moskau, die die zentralen Wirtschaftsziele formulierte und festlegte.
Fünfjahresplan: die Produktionsziele wurden für einen Fünfjahresrhythmus festgelegt; auch dieser Zeitrahmen trug zur mangelnden Flexibilität bei; erster Fünfjahresplan von 1928 bis 1932.
Kombinat: Zusammenschluss von Betrieben zur gegenseitigen Produktionsergänzung, entweder an einem Ort oder aber auch über große räumliche Distanzen.
TPK: Territoriale Produktionskomplexe, deutlich diversifizierter als die Kombinate lösten sie diese als räumliches Prinzip der industriellen Erschließung ab; sie umfassten neben der Wirtschaftsstruktur auch eine komplexe Infrastruktur.
Kollektivierung: So nennt man die Umsetzung eines wesentlichen Ziels der sozialistischen Agrarwirtschaft, nämlich die Vergesellschaftung der landwirtschaftlichen Produktionsmittel; d.h. beginnend mit der zwangsweisen Enteignung der bisherigen Privatbauern wird zuerst die landwirtschaftliche Nutzfläche in Staatseigentum überführt, danach folgen auch die übrigen Produktionsmittel wie z.B. landwirtschaftliche Geräte – Besitzer der Produktionsmittel ist also am Ende das „Kollektiv".
Kolchosen: große Produktionsgenossenschaften, die mit eigenen Produktionsmitteln (Geräte, Gebäude, Vieh) den staatseigenen Boden bearbeiteten; noch 1985 wurde von ihnen rund die Hälfte der sowjetischen Getreideproduktion und ca. zwei Drittel der Baumwollerzeugung geleistet.
Sowchosen: großflächige Staatsgüter, die mit ihrer kompletten Kollektivierung am ehesten der kommunistisch-ideologischen Vorgabe entsprachen; sie verdrängten die Kolchosen; ihre Struktur entsprach im Wesentlichen der von Industriebetrieben, womit eine Hinwendung zur agrarindustriellen Produktion erfolgte, ähnlich wie in den USA; so fand z.B. in der Viehzucht eine Konzentration auf Betriebe mit mehreren Zehntausend Tieren statt, die in Feedlots gehalten wurden.

Die Entwicklung Russlands begann 1462 mit der Konstitution des Großfürstentums Moskau; bis 1914, also kurz vor Ende des Zarenreiches, war die politische Konsolidierung Russlands weitgehend abgeschlossen – das Land erstreckte sich bis zum Pazifik. Räumliche Veränderungen gab es noch nach dem Ersten Weltkrieg sowie am Ende des Zweiten, als z.B. auch die Annexion der Baltischen Länder erfolgte. Die siedlungsmäßige und wirtschaftliche Erschließung, vor allem Mittel- und Ostsibiriens, setzte allerdings erst nach 1870 mit dem Bau der **Transsibirischen Eisenbahn** ein, die bis heute die wichtigste Verkehrs- und Transportader des Raums östlich des Ural geblieben ist.
Nach der Entstehung der Sowjetunion zwischen 1917 und 1922 erfolgte, der kommunistischen Staatsideologie folgend, die Umstrukturierung der Wirtschaft. Im Agrarsektor bedeutete dies die **Kollektivierung** der Wirtschaft gegen den Widerstand der bisherigen Landbesitzer; in der Industrie wurden der Wiederaufbau der kriegszerstörten Industrien und die zügige Erschließung der sibirischen Ressourcen als vordringlichste Ziele ausgegeben. Die wichtigsten Instrumente für die industriewirtschaftlichen Zielsetzungen wurden dabei die **Kombinate**. 1928 beschloss man die Bildung des **UKK**, des Ural-Kusnezker-Kombinats. Es verfolgte mehrere Teilziele: Zum einen führte es zur rohstoffmäßigen Ergänzung und Verflechtung der Steinkohlen- und Eisenerzvorkommen; die Erzvorkommen des Südurals konnten mit der Kohle aus Karagandi und dem Kusbass verarbeitet werden. Gleichzeitig entstand in diesen beiden Regionen durch den Antransport von Uralerzen ebenfalls eine Eisen schaffende Industrie. So ergaben sich zweitens – ergänzt durch die bald folgende Erschließung eigener Eisenerze – zwei neue, eigenständige „Hüttenbasen". Diese dienten drittens als Ausgangspunkt für die weitere Erschließung Sibiriens.
Die Zeit nach dem Zweiten Weltkrieg brachte dann im Sekundären Sektor erhebliche Veränderungen: Im europäischen Teil verfolgte man als primäres Ziel den Aufbau einer Leichtindustrie, der chemischen Industrie sowie des Fahrzeug- und Maschinenbaus – also von rohstoffunabhängigen Industrien. Das zweite Ziel dagegen blieb unverändert: die Erschließung der sibirischen Ressourcen.
Das maßgebliche räumliche Grundprinzip hierfür wurden die **Territorialen Produktionskomplexe (TPK)**. Im Gegensatz zu den Kombinaten erfassten sie die gesamte Struktur eines wirtschaftlichen Schwerpunktraums: Ressourcenförderung, Verarbeitung der Ressourcen zu Halbfertig- bzw. Fertigprodukten, Erschließung einer hierfür notwendigen Energiebasis (z.B. Wasserkraft), Aufbau von Siedlungen, Errichtung einer Verkehrs- sowie Ver- und Entsorgungsinfrastruktur. Modellbei-

spiel für die TPK wurde der von Bratsk/Ust-Ilimsk; schwerpunktmäßig eingesetzt werden sollte dieses Prinzip entlang der Eisenbahnlinie der **Baikal-Amur-Magistrale** zur Erschließung des besonders bodenschatzreichen sibirischen Ostens. Schon in den 1980er Jahren geriet die hier verfolgte Wirtschaftspolitik allerdings ins Straucheln. Man erkannte die Überdimensioniertheit des BAM-Projekts und seine Unfinanzierbarkeit. Da dies zeitgleich mit dem Beginn der Ära von Michael Gorbatschow geschah, in der erstmals die politischen und wirtschaftlichen Strukturen hinterfragt wurden, erfolgte die Einstellung dieses Projekts. Lediglich im mittleren Streckenabschnitt der fertiggestellten BAM, bei Nerjungri, hat sich auf der Basis der TPK-Idee ein Wirtschaftsraum entwickelt.

M 2 ***Der TPK Bratsk/Ust-Ilimsk***

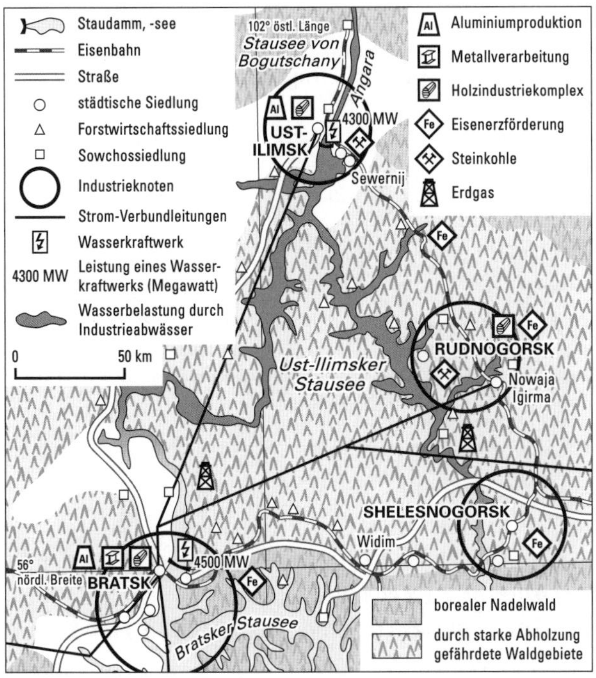

In der Landwirtschaft erfolgte nach der Kollektivierung der gezielte Umbau der Produktionsstrukturen: Dem zwangsweisen Zusammenschluss von Privatbauern zu **Kolchosen**, bei denen die Genossenschaft jedoch noch als Eigner von Gebäuden, Geräten und eventuell von Vieh auftrat, folgte verstärkt ab den 1950er Jahren die bewusste staatliche Förderung der **Sowchosen**. Als komplett verstaatlichte Betriebe entsprachen sie in besonderer Weise dem kommunistischen Ideal. Die bei ihnen zu findende besondere Betriebsgröße, aber auch die Tatsache, dass es trotz aller Anstrengungen Jahrzehntelang nicht gelang, von Agrarimporten unabhängig zu werden, führte schließlich dazu, dass man nach westlichem Vorbild zur Industrialisierung der Landwirtschaft überging. Es entstanden seit 1982 die sogenannten **Agrarindustriellen Komplexe (AIK)** mit einer hohen vertikalen und horizontalen Verflechtung. Die Kolchosen und Sowchosen wurden ergänzt durch Verarbeitungsbetriebe (beispielsweise von Fleisch oder Milch), durch landwirtschaftsorientierte Dienstleistungseinrichtungen und durch eine ihnen allen übergeordnete zentrale Verwaltung.

Die Frage, warum diese grundlegenden Sachverhalte aus sowjetischer Zeit überhaupt eine Rolle spielen, beantwortet sich dadurch, dass das System, das mit der Auflösung der Sowjetunion 1991 endete, ausgesprochen starre Strukturen hinterließ und so die **Transformation** nachhaltig erschwerte. Die Betriebe waren staatseigen, ihre Führung oblag oft genug nicht wirtschaftlich qualifizierten Managern, sondern Parteikadern; die Lenkung der gesamten Ökonomie ging von einer zentralen Behörde in Moskau aus. Eigenständige Entscheidungen waren genauso unbekannt wie echte finanzielle Leistungsanreize; eine nennenswerte Konsumgüterindustrie zur Deckung der Bedürfnisse der Bevölkerung existierte nicht. Die Aufdeckung dieser und weiterer politischer Defizite seit dem Amtsantritt Gorbatschows 1985 kam für den Erhalt des Staates jedoch zu spät.

1.3.3 Zusammenbruch und Transformation

Glasnost: Politik einer größeren Transparenz, besserer Information und öffentlicher Erörterung von Missständen.
Perestroika: Umbau und Umgestaltung von Staat und Gesellschaft; beide Begriffe aus der Regierungszeit von Michael Gorbatschow.
Nachfolgestaaten: Sammelbegriff für die 15 Staaten, die auf dem Territorium der ehemaligen Sowjetunion entstanden sind.
Transformationsländer: Reformstaaten, alle ehemals kommunistischen Länder mit einer Umgestaltung hin zu demokratischen und marktwirtschaftlichen Strukturen.
Baltische Staaten: Sammelbegriff für die baltischen Republiken Estland, Lettland, Litauen.
Eurasische Wirtschaftsgemeinschaft: (Abk.: EurAsEC) 2000 gegründet, hat einen Wirtschaftsraum ähnlich der EU zum Ziel.

Die Auflösung der Sowjetunion fand zwischen 1986 und 1991 statt. Auslösende Kraft war hierfür der 1985 zum Generalsekretär der KPdSU (Kommunistische Partei der Sowjetunion) gewählte Michael Gorbatschow, der eine Politik der politischen Transparenz und wirtschaftlichen und gesellschaftlichen Umgestaltung betrieb. Seine Ver-

fassungsreform von 1990 kam jedoch zu spät. Estland hatte schon als erste sowjetische Teilrepublik seine Unabhängigkeit erklärt, am 9. November 1989 erfolgte der Fall der Berliner Mauer und am 3. Oktober 1990 die deutsche Wiedervereinigung. Damit hatte der sogenannte Ostblock unter der hegemonialen Führung der Sowjetunion aufgehört zu existieren. Am 8. Dezember 1991 gründete man die **GUS (Gemeinschaft Unabhängiger Staaten)** und am 21. Dezember löste man schließlich die Sowjetunion auf, wobei die restlichen Republiken (außer den Baltischen Staaten) der GUS beitraten.
Die wirtschaftlichen Anfänge für die GUS-Staaten und ihre **Transformation** waren ausgesprochen schwierig; wichtigste Ursachen hierfür waren:

- das Ende der zentralen Lenkung, ohne dass man bereits marktwirtschaftliche Instrumente besaß,
- der Investitionsrückgang aufgrund fehlenden Kapitals,
- die Öffnung der Märkte für Importwaren, die besser und gefragter als die einheimischen Produkte waren,
- die mangelnde Produktivität und Produktqualität und damit eine mangelnde Konkurrenzfähigkeit auf dem Weltmarkt,
- der Rückgang der Güternachfrage im Inland aufgrund der rapiden Verarmung größerer Bevölkerungsteile.

Zwar brachten die folgenden Jahre eine Konsolidierung der Verhältnisse, jedoch waren diese von Land zu Land sehr unterschiedlich. Während beispielsweise Russland starke wirtschaftliche Fortschritte zeigt und die Baltischen Staaten (als nicht GUS-Länder) sogar die Mitgliedschaft in der EU erlangten, hinken andere ehemalige Teilrepubliken, wie z. B. einige zentralasiatische Nachfolgestaaten, in der Entwicklung deutlich hinterher.
Insgesamt hat der lose Staatenbund der GUS, obwohl noch bestehend, für die Integration seiner Mitgliedstaaten nicht die erhoffte Wirkung gehabt. Um diesen Integrationsprozess wieder in Gang zu setzen, gründete man im Jahr 2000 die **Eurasische Wirtschaftsgemeinschaft**. Es soll ein Raum mit einem zollfreien Handel, mit marktwirtschaftlichen Spielregeln und mit geringer Bürokratie entstehen; am Ende hofft man auf eine wirtschaftliche Union ähnlich der EU. Ein Problem ist allerdings auch hier der unterschiedliche wirtschaftliche Entwicklungsstand der bisher (2007) sechs Mitgliedstaaten.

M 3 Wirtschaftliche Eckdaten der sechs Mitgliedstaaten der Eurasischen Wirtschaftsgemeinschaft

Land	Handelsbilanz (Mrd. US-$)*	Arbeitslosigkeit (%)**	BIP/Kopf (US-$)*	Anteil der Wirtschaftssektoren (%)**		
				I	II	III
Kasachstan	+7,00	7,4	5050	5,7	39,8	54,4
Kirgisistan	−0,99	18,0	546	33,0	20,1	46,9
Russland	+139,90	6,6	7138	4,9	39,3	55,8
Tadschikistan	−0,32	12,0	346	23,0	28,0	49,0
Usbekistan	+1,30	23,0	496	27,6	29,4	34,0
Weißrussland	−0,72	o. A.	3000	9,2	41,7	49,1

** Auswärtiges Amt: Länderinformationen, Jan. 2008. Daten von Weißrussland 2005*
*** CIA: World Factbook, Jan. 2008. Arbeitslosigkeit bei Usbekistan geschätzt; bei Weißrussland offiziell 1,8 % – jedoch unglaubwürdig*

1.3.4 Agrarräume und ihr Wandel

Importabhängigkeit: bezeichnet die Tatsache, dass die Sowjetunion, wie heute auch Russland, trotz weltbedeutender Produktion z.B. von Nahrungsmittelimporten abhängig ist.
Privatisierung: Rückführung von Staatseigentum in private Hände; hier des Bodens und der landwirtschaftlichen Produktionsmittel.
Produktivität: landwirtschaftliche Erzeugung, gemessen bzw. berechnet auf eine einzelne Einheit; z. B. t Weizen/ha oder kg Milch/Kuh.
Subsistenzwirtschaft: landwirtschaftliche Produktion zum überwiegenden Eigenverbrauch.
Agrarindustrieller Komplex: Zusammenschluss von Landwirtschafts- und Industriebetrieben im Sinne einer vertikalen oder horizontalen Verflechtung; Agrarerzeugnisse werden vom gleichen Unternehmen industriell weiterverarbeitet und vermarktet.

Das sowjetische Erbe stellt bis heute für die Landwirtschaft Russlands eine erhebliche Belastung dar. Es war geprägt von drei Faktoren: Erstens von der Kollektivierung, zweitens von den mit ihr verbundenen starren Organisationsstrukturen (Kolchosen, Sowchosen, vgl. S. 12) und drittens von einer mangelnden Produktivität bzw. einer nicht hinreichenden Produktion, sodass man von Importen abhängig war. Diese **Importabhängigkeit** prägte vor allem die 1990er Jahre, ist aber auch heute noch ein wichtiges Merkmal der russischen Landwirtschaft. Vor allem bei anspruchsvollen Produkten, die sich der Teil der Bevölkerung leisten kann, der vom wirtschaftlichen Wandel profitiert, sind die Importe seit 2000 konstant und stark gestiegen: bei Fleisch und Geflügel von 517 000 t bzw. 694 000 t auf jeweils weit über 1,3 Mio. t, bei Fisch von 328 000 auf 787 000 t. Bei anderen Produkten, wie beim Grundnahrungsmittel Brot (und Getreide), hat man dagegen die Importe durch eigene Produktionssteigerungen deutlich reduzieren können. Hier, beim Getreide, trat man 2007 sogar erstmals als Exporteur auf.
Neben der Abhängigkeit von Nahrungsmitteleinfuhren gibt es weitere aktuelle Probleme in der russischen Landwirtschaft:

Man leidet unter einer immer noch vergleichsweise **geringen Produktivität**. Das ist nicht zuletzt auf den noch zu geringen Mechanisierungsgrad zurückzuführen; vielen Farmern fehlt für solche Investitionen das Kapital. Die Privatisierung der Landwirtschaft hat zum einen dazu geführt, dass aus den Kolchosen oder Sowchosen Großbetriebe hervorgegangen sind. Sie sind z.T. als private Produktionsgenossenschaften organisiert, z.T. auch als Aktiengesellschaften. Während diese landwirtschaftlichen Großunternehmen meist eine positive Entwicklung durchlaufen (bei knapp 2 % Anteil an der LNF erwirtschaften sie rund ein Drittel aller Agrarerlöse), verarmen große Teile der übrigen ländlichen Bevölkerung. Sie betreiben teilweise nur noch **Subsistenzwirtschaft** und gehören mit ihrem geringen bis fehlenden Einkommen zu den Verlierern der Transformation des ländlichen Raums.

Ein drittes Problem ist die immer noch zu **geringe Produktion von hochwertigen Agrarprodukten**; vor allem die Versorgung mit Fleisch liegt – bei auch quantitativ steigenden Ansprüchen der Bevölkerung – im Argen. Gemessen an den Jahren 1970–75 erreichte man 2004 bei Schlachtvieh und bei Milch nur rund 70 % des damaligen Produktionsumfangs.

M 4 ***Russische Nahrungsmittelimporte 2000–2006 (ausgewählte Produkte)***

	2000	2002	2004	2006
Fleisch (frisch und gefroren, ohne Geflügel)	517,0	1 153,0	1 031,0	1 340,0
Geflügel (frisch und gefroren)	694,0	1 383,0	1 084,0	1 329,0
Fisch (frisch und gefroren)	328,0	464,0	682,0	787,0
Milch und Sahne	76,6	59,2	127,0	146,0
Butter und Milchfette	70,8	140,0	148,0	133,0
Brot und Getreide	4 677,0	1 359,0	2 898,0	1 449,0

Angaben der staatlichen russischen Statistikbehörde Roskomstat, 2006. www.gsk.ru

Aus den Problemen hat man 2005 im „nationalen Programm zur Entwicklung der Landwirtschaft“ Konsequenzen gezogen. Im Mittelpunkt steht die Förderung der Tierwirtschaft; neue Firmen in diesem Bereich sollen gegründet werden. Mit 30 Mio. Euro/a soll die Mechanisierung vorangetrieben werden, und es soll ein Kreditwesen speziell für den ländlichen Raum entstehen.

1.3.5 Industrie und Handel

Wertschöpfung: Gesamterlöse (-umsätze) einer Branche oder eines Wirtschaftssektors.
Diversifizierung: Ausweitung und Differenzierung der Produktions- und Exportstruktur, um die Abhängigkeit von einem Produkt oder nur einigen wenigen Produkten zu verringern.
Ausländische Direktinvestitionen: ADI, ausländische Geld- oder Sachanlagen in einer Branche, einer Region oder auch in einem ganzen Land.
Regionale Disparitäten: Unterschiede in der wirtschaftlichen, sozialen und infrastrukturellen Entwicklung einzelner Teilräume eines Landes.
Monostruktur: einseitige Ausrichtung in der Produktion oder auch im Export auf ein Produkt oder sehr wenige Güter.
Konsumgüterindustrie: umfasst die Branchen, die Waren für den Verbrauch von Privatkunden (Konsumenten) herstellen.
Revitalisierung: wirtschaftliche Wiederbelebung von Räumen, die sich in einer strukturellen Krise befinden.
Altindustrielle Räume: sind Räume, deren industrielle Entwicklung früh begonnen hat und die meist auf der Montanindustrie (Bergbau, Eisen schaffende Industrie) basieren.
Grundstoffindustrie: umfasst die Branchen, die die Grundstoffe für weiterverarbeitende Industrien liefern.
Global Player: Unternehmen, die am „weltweiten Spiel“ teilhaben, indem sie an verschiedenen Standorten in der Welt entwickeln, produzieren und vermarkten.
Oligarchen: Ausdruck für die russischen Wirtschaftsführer und Milliardäre, die die großen Unternehmen beherrschen und dadurch oft auch erheblichen politischen Einfluss haben.
Konversion: Umwandlung von ehemaligen Rüstungsbetrieben in zivile Unternehmen.
Schattenwirtschaft: Synonym für den Informellen Sektor, in dem am staatlichen Fiskus vorbei gewirtschaftet wird; in Russland z.T. mit mafiosen Strukturen.
Joint Ventures: Unternehmen, die von (meist) zwei Partnern gemeinsam betrieben werden; oft stellt eine westliche Firma Kapital und Know-how, eine östliche z.B. preiswerte Infrastruktur und Arbeitskräfte.

Obwohl der Dienstleistungssektor sowohl bei den Beschäftigten als auch bei den Wirtschaftsanteilen am BIP mit jeweils über 60 % den Sekundären Sektor deutlich hinter sich lässt, ist es doch die Industrie, die die Erfolge der Transformation ermöglicht hat. Dabei begann die erste Dekade nach dem Ende der Sowjetunion schwierig. Die alten Strukturen (s. S. 12/13) erwiesen sich ebenso als Hemmnis wie das Auseinanderbrechen

eines geschlossenen, vom Weltmarkt weitgehend abgekoppelten Wirtschaftsraums in den 15 Nachfolgestaaten, die sich durch ihre Neuausrichtung nun der weltweiten Konkurrenz stellen mussten – obwohl es ihnen an marktwirtschaftlichen Strukturen, Modernität der erzeugten Güter bzw. ihrer Produktion und an Produktivität mangelte. Als 1998 eine Währungskrise („Rubelkrise") hinzukam, schien die Entwicklung Russlands in Gefahr. Doch ab dem Jahr 2000 ergaben sich deutlich andere Tendenzen: Das jährliche **Wachstum des BIP** liegt seitdem um die 5%, der Außenhandel ist stark gestiegen mit einer permanent hohen positiven **Außenhandelsbilanz** und die ausländischen Direktinvestitionen in Russland steigen ebenso wie die Russlands im Ausland. Allerdings spiegeln gerade die Investitionen die im Land herrschenden regionalen Disparitäten wider; bevorzugte Investitionsziele sind verschiedene Teilräume des europäischen Russlands (vor allem natürlich die Metropolen), aber auch die bereits entwickelten Regionen West- und Südsibiriens, wobei hier allerdings die Anlagerisiken wachsen.
Eine besondere Stellung im Rahmen der wirtschaftlichen Erfolge nimmt der **Energiesektor** ein. Obwohl in den letzten Jahren eine sichtbare **Diversifizierung** der Industrie eingesetzt hat – d.h. dass sich die Branchenvielfalt erhöht hat und nun auch solche der Investitionsgüter- und der Konsumgüterindustrie an Bedeutung gewinnen – sind es doch vor allem die Erdöl- und Erdgasförderung sowie deren Export, die den Außenhandel dominieren und die Devisen für den Abbau der Auslandsschulden und für Investitionen ins Land bringen. Die fünf größten Konzerne Russlands kommen dementsprechend alle aus dem Energiesektor (Brennstoffindustrie oder Energieerzeugung). Hierin liegen allerdings zwei Gefahren:
1. Da es sich um Schlüsselindustrien handelt, hat der Staat ein Interesse, Einfluss auszuüben. Hinzu kommen starke persönliche Beziehungen zwischen den Entscheidungsträgern in Politik und Wirtschaft. Obwohl man zu Sowjetzeiten keine guten Erfahrungen mit der Einflussnahme des Staates auf die Wirtschaft gemacht hat, gibt es wieder solche Tendenzen.
2. Die einseitige Abhängigkeit von zwei Rohstoffen stellt so lange kein Problem dar, wie diese äußerst stark nachgefragt sind und extrem hohe Weltmarktpreise erzielen, wie dies z.Zt. der Fall ist. Dazu hat man mit Deutschland einen zahlungskräftigen Hauptabnehmer. Jede Monostruktur birgt aber das Risiko, dass bei schlechten Geschäften der Produktausgleich fehlt.
Von der wirtschaftlichen Erholung seit der Jahrtausendwende profitieren allerdings nicht nur die Metropolen und die Regionen mit Erdgas- und/oder Erdölförderung, sondern auch **altindustrielle Räume wie das Kusnezker Becken**. Die Verteuerung von Öl und Gas kam hier dem Steinkohlenbergbau zugute, die weltweit stark gestiegene Nachfrage nach Stahl (China, Indien) dem zweiten klassischen Standbein des Raums, der Eisen und Stahl erzeugenden Industrie. So sind hier Global Player im Stahlbereich entstanden, deren Umsätze zwar noch nicht mit denen der Weltmarktführer mithalten können, deren Produktion durch Zukäufe in Europa, den USA und Asien allerdings schon globale Dimensionen hat.

M 5 Die wichtigsten Industrieräume im heutigen Russland

Moskau, St. Petersburg	Metallind., Maschinen- und Fahrzeugbau, Elektrotechnik
Nischni Nowgorod	Maschinenbau
Samara	Metallind., Maschinen- und Fahrzeugbau, Erdölind., Chemische Ind.
Ufa, Magnitogorsk, Tscheljabinsk	Erdölförderung, Erdölind., Chemische Ind., Bergbau (Eisenerz, Stahlveredler, Leicht- und Buntmetalle), Eisen- und Stahlerzeugung, Maschinenbau
Surgut	Erdöl- und Erdgasförderung
Norilsk	Erdöl- und Erdgasförderung, Bergbau (Eisenerz, Bunt- und Edelmetalle), Buntmetallverhüttung
Nowokusnezk, Krasnojarsk	Bergbau (Steinkohle, Braunkohle, Eisenerz, Buntmetalle), Eisen- und Stahlerzeugung, Buntmetallverhüttung, Maschinenbau, Chemische Ind.
Mirny	Edelsteine
Komsomolsk	Eisen- und Stahlerzeugung, Metallverarbeitung, Maschinenbau

Nach Entwicklung des Außenhandels: bfai 2006

Einen wirtschaftlichen Sonderfall stellt der **Militärisch-industrielle Komplex (MIK)** dar. Zum Teil befinden sich dessen Unternehmen in der Konversion (s.S.15) zur zivilen Produktion, zum Teil erfährt er aber auch eine Renaissance; 2007 meldete Russland einen neuen Rekord bei den weltweiten Rüstungsexporten.
Trotz der industriellen Erfolge darf man den **Tertiären Sektor** nicht ganz außer Acht lassen, da er, wie gesagt, hinsichtlich BIP und Beschäftigung mittlerweile das wirtschaftliche Rückgrat bildet. Allerdings schätzt man den Anteil der **Schattenwirtschaft** an beiden Bereichen als hoch ein (zwischen 30 und 40%). Dennoch wächst durch den zunehmenden Wohlstand größerer Bevölkerungsschichten und deren steigende Nachfrage nach Dienstleistungen auch der offizielle Teil; so sind die Verkaufsflächen des modernen großflächigen Einzelhandels alleine in Moskau zwischen 1996 und 2002 von ca. 15000 m² auf rund 650000 m² gestiegen. Hierbei spielen auch ausländische Unternehmen (wie z.B. Metro oder Ikea) eine große Rolle, sowohl durch Direktinvestitionen als auch in Joint Ventures mit russischen Firmen.

M 6 Der Anteil der Wirtschaftssektoren am russischen BIP 1991 und 2008

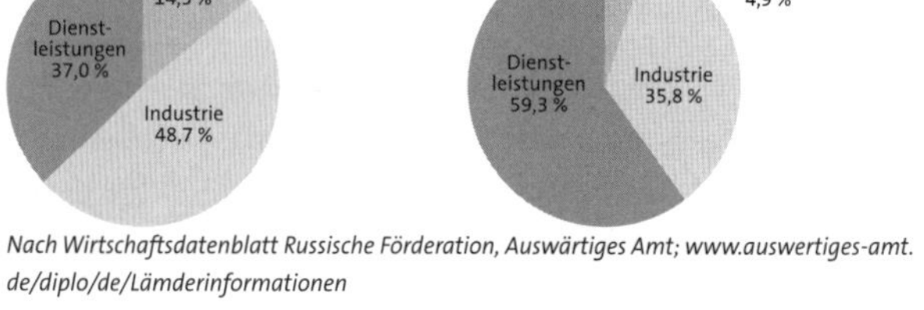

Nach Wirtschaftsdatenblatt Russische Förderation, Auswärtiges Amt; www.auswertiges-amt.de/diplo/de/Lämderinformationen

1.3.6 Neuorientierung im städtischen Raum

Sozialistische Stadt: der Begriff bezeichnet den Stadttypus, der vor allem in den 1950er bis 1970er Jahren auf der Grundlage ideologischer Vorstellungen in den sozialistischen Ländern entstand.
Postsowjetische Stadt: bezeichnet die Städte mit ihren notwendigen gravierenden Veränderungen nach 1991; wesentliches Merkmal ist eine starke Verwestlichung.
Suburbanisierung: Stadtrandwanderung der Wohnbevölkerung, in jüngerer Zeit aber vor allem auch des Tertiären Sektors; durch Letzteres entstehen neue Dienstleistungsstandorte außerhalb der Innenstädte, meist an der Peripherie, wo große Frei- und Reserveflächen zu günstigeren Preisen vorhanden sind.
Segregation: Prozess der räumlichen Trennung und Abgrenzung unterschiedlicher sozialer Gruppen, Ethnien, Religionsgemeinschaften etc.
Gated Community: geschlossenes Viertel des gehobenen Lebensstils, das sozialräumlich deutlich von anderen Stadtgebieten abgegrenzt ist; der Zugang ist in der Regel nur für die Bewohner möglich, z. B. mit elektronischer Chipkarte.
Moskva-City: größtes neues Dienstleistungszentrum an der Moskauer Peripherie, mit typischer Wolkenkratzerbebauung.
Multifunktionalität: statt eines einseitigen ein vielseitiges Dienstleistungsangebot; z. B. Gastronomie, Büros, Wohnungen, Einzelhandel in einem Komplex.
Global City: Weltstadt (Metropole) mit besonders starker Integration in die Weltwirtschaft; hohe Einwohnerzahl, internationales Finanzzentrum, Standort von Sitzen von Global Players, Knotenpunkt internationaler Transportnetze; Moskau befindet sich auf dem Weg zur Global City.

Der Begriff der Transformation ist kein rein wirtschaftlicher oder politischer Terminus; das, was man unter ihm zusammenfasst, betrifft in gleichem Maße auch die russischen Städte – und damit gleichzeitig auch die russische Gesellschaft. In beiden Bereichen ist eine starke **Verwestlichung** zu verzeichnen.
Die sogenannte **sozialistische Stadt** war davon geprägt, dass sie eine Umsetzung kommunistischer Ideen darstellen sollte; ihre Merkmale waren daher: eine Hauptmagistrale für Aufmärsche; Großbauten wie ein Kulturpalast, die Parteizentrale oder hochgeschossige Büro- und Hotelbauten; repräsentative Fassaden; starke Wohnfunktion auch in der Innenstadt mit entsprechenden Infrastruktureinrichtungen (Kindergärten, Schulen etc.) bei gleichzeitiger Vernachlässigung kunden- und konsumorientierter Einrichtungen. Entsprechend diesen Merkmalen war der Wandel nach 1991 hin zur **postsowjetischen Stadt** gravierend: Die Innenstädte entwickelten sich vor allem in den Metropolen zu Citys; neue Dienstleistungszentren entstanden sowohl im innerstädtischen als auch im suburbanen Raum; neue Wohnformen für einkommensstärkere Schichten entstanden und mit ihnen neue Wohnviertel – bis hin zu **Gated Communities**; historische Bausubstanz wurde saniert.
Besonders auffällig war die bis heute andauernde Umgestaltung der zentralen Straßen zu modernen Geschäftsstraßen. Da der Einzelhandel in der sozialistischen Stadt unterrepräsentiert war und selbst in der Innenstadt von Gütern des täglichen Bedarfs bestimmt wurde, war hier die Transformation in ihren Ergebnissen besonders auffällig. Straßen wie die Twerskaja uliza in Moskau sind heute Geschäftsstraßen westlichen Zuschnitts mit einem vielfältigen Warenangebot des periodischen und episodischen Bedarfs sowie mit weiteren Funktionen, z. B. in den Bereichen Gastronomie und Kultur.

Im Fokus der städtischen Transformation stand und steht auch heute noch die russische Hauptstadt Moskau. Sie wird von der politischen Führung konsequent umgebaut mit dem Ziel, sie zur ersten **Global City** der Russischen Föderation zu machen. Das „Leuchtturmprojekt" hierfür ist die Moskva-City, die bis zum Jahr 2015 fertiggestellt sein wird. An Moskaus namensgebendem Fluss entsteht ein Ensemble von 15 Wolkenkratzern – dem unverzichtbaren physiognomischen Merkmal jeder Global City – mit ca. 2,5 Mio. m^2 Nutzfläche, die multifunktional für Geschäfte, Büros, Hotels und Gastronomie sowie Wellness- und Freizeiteinrichtungen genutzt wird, unter anderem im seit 2007 höchsten Wolkenkratzer Europas. Verschiedene Global Player aus den USA werden hier Niederlassungen einrichten, womit ein weiteres Charakteristikum einer Global City erfüllt wird.
Moskau hat sich zur Boomtown entwickelt, und kritische Stimmen, dass z. B. solche Projekte nicht ins Bild russischer Städte passen, haben keinen Platz. Hierzu gehört auch, dass man eine fortschreitende **soziale Segregation** in Kauf nimmt: Den Gewinnern der Transformation, die die Angebote in den Geschäftsstraßen und Malls nutzen können und an deren Spitze sich eine wachsende Zahl von Millionären und Milliardären (die sogenannten „Neuen Russen") befindet, stehen die Verlierer gegenüber. Es sind vor allem die zahlreichen Geringverdiener, die Rentner und Arbeitslosen. Sie leben überwiegend in den randstädtischen Plattensiedlungen und bestreiten ihren Lebensunterhalt häufig mit Tätigkeiten im **Informellen Sektor**. Hierzu gehören beispielsweise der Straßenverkauf oder der Kioskhandel, also der Verkauf von Waren in den in aller Regel ohne Baugenehmigung errichteten Kiosken, die in den Vorstädten zum alltäglichen Bild gehören und mittlerweile oft von der Verwaltung legalisiert worden sind.

2 Überprüfen Sie Ihr Wissen

Testaufgaben zur Selbstkontrolle

Kapitel 1.1

1 *Diskutieren Sie am Beispiel der USA und der ehemaligen Sowjetunion den Begriff „Vielvölkerstaat".*
2 *Grenzen Sie die Begriffe Sowjetunion, Russland und GUS voneinander ab.*
3 *Der Begriff „Raumweite" erfährt sowohl bei den USA als auch bei Russland eine ambivalente Füllung. Erläutern Sie diese Zwiespältigkeit.*

1.2 USA:
Kapitel 1.2.1

1 *Nennen Sie die orografischen Großräume der USA.*
2 *Ordnen Sie den einzelnen Großräumen Bodenschätze zu (Atlas, Schülerbuch S. 25).*
3 *Nennen Sie Auswirkungen der Anordnung der Großräume auf das Klima der USA.*
4 *Definieren Sie den Begriff „Trockengrenze".*
5 *Erstellen Sie eine Liste der natürlichen Gunst- und Ungunstfaktoren in den USA.*

Kapitel 1.2.2

1 *Vergleichen Sie die unterschiedlichen Ziele der französischen und englischen Siedler bei ihren Kolonisationsbemühungen.*
2 *Erklären Sie den Begriff „Frontier".*
3 *Erläutern Sie die Rolle des Staates bei der Inwertsetzung und Besiedlung des Kontinents.*
4 *Das heutige Bild der Kulturlandschaft der USA wurde entscheidend durch die Land Ordinance von 1785 geprägt. Erklären Sie.*
5 *Nennen Sie Entwicklungshemmnisse bei der Erschließung des arktischen Nordens.*

Kapitel 1.2.3

1 *Nennen Sie Gründe, die zur Bildung von Landwirtschaftsgürteln (Belts) geführt haben.*
2 *Erstellen Sie eine Liste von Ursachen, die zur Auflösung des Beltsystems führten.*
3 *Nennen Sie die Unterschiede zwischen den drei typischen amerikanischen Betriebsformen Plantage, Ranch und Farm.*
4 *Erläutern Sie, mit welchen Maßnahmen die Farmer ihre beachtlichen Produktionssteigerungen erzielen konnten.*
5 *Erörtern Sie mögliche positive und negative Folgen dieser Maßnahmen.*
6 *„Die Agrarwirtschaft der USA – eine Erfolgsstory ohne Ende." Nehmen Sie Stellung zu dieser Aussage.*

Kapitel 1.2.4

1 *Nennen Sie Ursachen für den raschen industriellen Aufstieg der USA im späten 19. Jahrhundert.*
2 *Ermitteln Sie die Standortfaktoren, welche begünstigend auf die Entwicklung des Manufacturing Belts wirkten.*
3 *Listen Sie Schwächen von Altindustriegebieten auf, die zu ihrer Krise und ihrem teilweisen Niedergang geführt haben.*
4 *Begründen Sie die räumlichen Industrieverlagerungen seit den 1940er Jahren.*
5 *Erstellen Sie eine Liste der wichtigsten Industrieregionen mit den dominierenden Industriezweigen.*
6 *Die USA gelten als Prototyp einer postindustriellen Gesellschaft. Erklären Sie die Aussage.*

Kap. 1.2.5

1 *Erläutern Sie am Beispiel der USA den Vorgang der Verstädterung.*
2 *Vergleichen Sie das Erscheinungsbild einer typischen US-amerikanischen Stadt mit einer europäischen Stadt.*
3 *Gliedern Sie die US-amerikanische Stadt in ihre Teilräume. Nennen Sie die charakteristischen Merkmale.*
4 *Erläutern Sie den Begriff „soziale Fragmentierung". Konkretisieren Sie ihn anhand von Beispielen.*
5 *Erklären Sie, warum die Bezeichnung „melting pot" auf die heutige US-amerikanische Stadtbevölkerung nicht zutrifft.*
6 *Nennen Sie Merkmale, die New York als Global City charakterisieren.*

1.3. Russland:
Kapitel 1.3.1

1 *Stellen Sie einen Zusammenhang her zwischen der Bevölkerungsverteilung Russlands und seinen Naturräumen.*
2 *Erklären Sie, was man unter „Permafrostboden" versteht und wo er vorkommt.*
3 *„Die Schwarzerde ist ein ebenso fruchtbarer wie gefährdeter Boden." Erklären Sie diesen Satz.*
4 *Fertigen Sie eine stark vereinfachte Skizze des Agrardreiecks an, in der Sie besonders die nördliche und südliche Begrenzung berücksichtigen.*
5 *Die großen Ströme haben für Russland eine erhebliche Bedeutung und sind dennoch nur eingeschränkt nutzbar. Erläutern Sie beide Sachverhalte.*

Kapitel 1.3.2

1 *Definieren Sie den Begriff Planwirtschaft.*
2 *Erläutern Sie am Beispiel des Ural-Kusnezker-Kombinats (UKK) das Prinzip der industriellen Kombinate.*
3 *Nennen Sie den Unterschied zwischen einem Kombinat und einem Territorialen Produktionskomplex (TPK).*
4 *Unterscheiden Sie Kolchose, Sowchose und Agrarindustriellen Komplex voneinander.*

Kapitel 1.3.3

1 *Analysieren Sie die Tabelle M 3, S. 14, im Hinblick auf die Zukunftsperspektiven der Eurasischen Wirtschaftsgemeinschaft.*

Kapitel 1.3.4

1 *Stellen Sie Erfolge und Probleme der Transformation im Agrarsektor gegenüber.*
2 *Nehmen Sie Stellung zu dem Vorhaben, auf dem Land ein eigenes Kreditwesen zu installieren.*

Kapitel 1.3.5

1 *Erläutern und bewerten Sie die Bedeutung des Energiesektors für den wirtschaftlichen Aufschwung Russlands.*
2 *Erläutern Sie, inwiefern altindustrielle Räume wie das Kusnezker Becken heute eine Chance auf eine wirtschaftliche Wiederbelebung haben.*
3 *Bewerten Sie die Bedeutung, die dem Tertiären Sektor in Russland zukommt.*

Kapitel 1.3.6

1 *Nennen Sie wesentliche Aspekte der Transformation im städtischen Raum.*
2 *Moskva-City – erläutern Sie die Funktion dieses größten Projekts der Moskauer Stadtplanung.*
3 *Soziale Segregation ist ein Ergebnis der Transformation besonders in den russischen Metropolen. Erläutern Sie.*

Lösungshinweise

Kapitel 1.1

1 *Während der Begriff „Vielvölkerstaat" für die ehemalige Sowjetunion gerechtfertigt ist, trifft er auf die USA nur bedingt zu. Nach der Verfassung war die SU als föderalistischer Staat konzipiert. D. h., sie war eine Union von Republiken, gebildet auf der Grundlage der einzelnen Nationalitäten. Diese gaben in der Regel der jeweiligen Unionsrepublik (SSR) den Namen und waren der politischen Rechtsordnung nach souveräne Staaten.*
In den USA bildeten die zugewanderten Nationalitäten nie einen eigenen Staat. Ziel war immer die Integration in die amerikanische Gesellschaft, wie in dem idealisierten Begriff „melting pot" zum Ausdruck kommt.
2 *Sowjetunion: Sie entstand im Zuge der Oktoberrevolution 1917-1923, Grundlage war die kommunistische Ideologie; Auflösung im Dezember 1991;*
Russland: Russische Föderation, größter Nachfolgestaat der Sowjetunion;
GUS: loser Staatenbund in der Nachfolge der Sowjetunion, also seit 1991, umfasst die Nachfolgestaaten der SU außer den Baltischen Staaten.
3 *Raumweite ist einerseits als Gunstfaktor zu sehen, bietet sie doch ein überdurchschnittliches Ressourcenpotenzial und vielfältige Nutzungsmöglichkeiten. Andererseits kann sie ein hemmender Faktor sein, indem sie Transportnachteile mit sich bringt und regionale Disparitäten fördert. Während in Russland die Raumweite in vielen Belangen negativ zu sehen ist, ist sie in den USA eher positiv zu bewerten.*

1.2 USA:

Kapitel 1.2.1

1 *Westen: Kordilleren (mit Küstenkette, Sierra Nevada und Rocky Mountains), Kalifornisches Längstal, Großes Becken;*
Mitte: Great Plains, Schwemmlandküste am Golf von Mexiko, Stromgebiet des Mississippi/ Missouri, Zentrales Tiefland, Große Seen;
Osten: Appalachen, atlantische Küstenebene.
2 *Bereich der Kordilleren: Erdöl, Erdgas, Braunkohle, Uran, Quecksilber, Asbest, Nickel, Wolfram, Kupfer;*
Golfküste und Stromgebiet des Mississippi/ Missouri: Erdöl, Erdgas, Steinkohle, Braunkohle;
Appalachen: Steinkohle, Uran, Erdöl.
3 *Klimawirksam ist vor allem der meridionale Verlauf der großen Bauglieder Appalachen und Kordilleren: Nord-Süd-Durchlässigkeit mit großen Wetterumschwüngen, Tornados, Blizzards, Hurricans;*
Abschirmung des Landesinneren gegen Meereseinflüsse aus dem Westen, Trockenklima in den Großen Becken und im Lee der Rocky Mountains.
4 *Trockengrenze: Grenze zwischen Gebieten mit semiaridem und semihumidem Klima; agronomische Trockengrenze = Grenze, bis zu der Regenfeldbau möglich ist; in den USA entspricht die Trockengrenze etwa dem Meridian 98° w.L.*
5 *Gunstfaktoren: Größe des Staatsgebietes, Bodenschatzreichtum, Klimavielfalt (vorherrschend gemäßigtes Klima), breites Spektrum agrarischer Möglichkeiten, große flache Ebenen (Durchlässigkeit für Verkehr, großflächige agrarische Nutzung), Waldreichtum, vorteilhafte Lage;*
Ungunstfaktoren: Wirbelstürme, Erdbeben, Vulkanausbrüche, extreme Klimawechsel, Hochwassergefährdung, Dürregefährdung, Erosionsgefährdung.

Kapitel 1.2.2

1 *Franzosen: Siedlungsland gewinnen, Pelzhandel betreiben, missionieren, vereinzelt Abbau von Bodenschätzen;*
Engländer: Siedlungsland gewinnen, freie Religionsausübung, politische Freiheit, Handel.
2 *Als Frontier wird in der Besiedlungsgeschichte der USA die Grenze zwischen den Gebieten weißer Besiedlung und den noch unerschlossenen bzw. von Indianern besiedelten Gebieten bezeichnet. Die Idee der Frontier hat eine elementare Bedeutung für das Selbstverständnis der US-Amerikaner, nämlich die Vorstellung, auf sich selbst gestellt zu sein und durch eigene Fähigkeiten überleben zu können und erfolgreich zu sein.*
3 *Landerkundungen durch Regierungsexpeditionen, Ausbau der Verkehrsinfrastruktur (Eisenbahnen, Wasserwege), Landvermessung, Erwerb und Vergabe von Staatsland, großzügige Einwanderungspolitik.*
4 *Durch das quadratische Vermessungssystem wurden der Verlauf der Straßen und der Grundriss der Städte vorgegeben; die Land Ordinance war wichtige Voraussetzung für die planmäßige Landvergabe an die Siedler und die*

Form der ländlichen Siedlungen (Einzelhof inmitten der quadratischen Flurfläche).

5 *Raumferne, klimatische Ungunst, Permafrost, z.T. Hochgebirgsrelief, Randlage zum Kernraum*

Kapitel 1.2.3

1 *Zu nennen sind*
- *die einheitlichen, über große Entfernungen sich kaum ändernden Naturbedingungen, die einen großflächigen Anbau von ausgewählten Kulturen in monokulturähnlicher Form ermöglichten sowie*
- *die Marktlage, d.h. die geringen Entfernungen und Transportkosten zu den Verbrauchern.*

2 *Gründe für die Auflösung von Belts:*
- *Produktionsumstellungen, z.B. infolge veränderter Nachfrage und Ernährungsgewohnheiten;*
- *Anbaudiversifizierung aus ökologischen Erwägungen (z.B. Bodenerosion und Schädlingsbefall bei Monokulturen);*
- *Bewässerungsmöglichkeiten in vormals ungeeigneten Gebieten;*
- *Absatzschwierigkeiten auf dem nationalen und/oder internationalen Markt;*
- *agrarpolitische Maßnahmen, z.B. Anbaubeschränkungen bei einzelnen Produkten;*
- *agrartechnische Maßnahmen und Saatzuchterfolge ermöglichen den Anbau in anderen Gebieten.*

3 *Plantage: arbeits- und kapitalintensiver landwirtschaftlicher Großbetrieb, der vor allem mehrjährige Nutzpflanzen für den Markt produziert;*
Ranch: extensiver Weidewirtschaftbetrieb;
Farm: landwirtschaftlicher Betrieb mit unterschiedlichem Produktionsziel, z.B. Getreideanbau, Geflügelmast.

4 *Maßnahmen zur Steigerung von Produktion und Produktivität:*
- *Mechanisierung;*
- *verbesserte Anbautechniken;*
- *Intensivierung, z.B. durch Bewässerung, Einsatz von hochertragreichem Saatgut, Fruchtfolgesysteme;*
- *neue Organisationsformen, z.B. Agrobusiness.*

5 *Positive Folgen: Steigerung von Produktion und Produktivität;*
negative Folgen: erhöhter Kapitalbedarf, erhöhter Energieeinsatz, ggf. Verschuldung und Insolvenz, ggf. Beeinträchtigungen von Boden und Grundwasser.

6 *Für die These sprechen folgende Argumente: stetige Steigerung der Produktionsleistung durch Mechanisierung, Technisierung und Spezialisierung; ständige Neuentwicklungen; hohe Anteile an Weltproduktion, hohe Exportwerte.*
Gegen diese These sprechen zum einen die ökologischen Beeinträchtigungen (Bodenerosion, Raubbau an den Grundwasserreserven) und zum anderen die Farmkrise, die viele Landwirte zwang, ihren Betrieb aufzugeben.

Kapitel 1.2.4

1 *Gründe für den raschen industriellen Aufstieg:*
- *großes Arbeitskräftepotenzial (Einwanderer),*
- *großes Rohstoff- und Energiepotenzial,*
- *fordistisches Produktionssystem (Massenproduktion am Fließband),*
- *liberalistisch-kapitalistisches Wirtschaftssystem,*
- *günstiger Absatzmarkt (Europa, eigene Nachfrage durch große Bevölkerungszahl).*

2 *Günstige Standortfaktoren im Manufacturing Belt:*
- *günstige Verkehrslage,*
- *Nähe zu reichen Energiequellen und Rohstoffen,*
- *großes Arbeitskräftepotenzial,*
- *große Nachfrage (industrieller Aufschwung, schnell wachsende Bevölkerung, Erschließung des großen Binnenraums z.B. durch Eisenbahnen).*

3 *Schwächen von Altindustriegebieten:*
- *industrielle Monostruktur,*
- *Konjunkturanfälligkeit,*
- *Vorherrschen von Großbetrieben,*
- *hohe Industriedichte,*
- *fehlende Anpassungsfähigkeit,*
- *Produktionsstruktur vom Ende des Poduktlebenszyklus gekennzeichnet.*

4 *Gründe für Industrieverlagerungen:*
- *Schwächen der Altindustriegebiete (s.o.),*
- *staatliche Förderungen der neuen Region (Staatsaufträge, Rüstungsbetriebe, Steuererleichterungen),*
- *„moderne“ Energiequellen, z.B. Erdöl und Erdgas, Wasserkraft,*
- *angenehme Lebensbedingungen (frost belt <–> sun belt),*
- *günstige Bodenpreise.*

5 *Manufacturing Belt: Schwerindustrie, Metallverarbeitung, Maschinenbau, Fahrzeugbau, Elektronik und Elektrotechnik, Nahrungsmittelindustrie;*
südliche Appalachen: Textilindustrie, Nahrungsmittelindustrie, Petrochemie;
Golfküste/Texas: Petrochemie, Elektronikindustrie, Maschinenbau, Aluminiumindustrie;
Kalifornien: Elektronik, Elektrotechnik, Nahrungsmittelindustrie, Rüstungsindustrie, Filmindustrie;
Nordwesten: Aluminiumindustrie, Metallverarbeitung, Fahrzeugbau.

6 *Hoher Anteil des Tertiären Sektors bei den Beschäftigten und beim BIP, Dominanz von modernen Wachstumsbranchen, z.B. der Informations- und Kommunikationstechnologie, weit fortgeschrittene Verstädterung.*

Kapitel 1.2.5

1 *Drei Erscheinungsformen der Verstädterung: wachsende Anzahl von Städten in einem Land, Zunahme des Anteils der städtischen Bevölkerung an der Gesamtbevölkerung, Wachsen der Städte an Bevölkerungszahl und Fläche. Alle drei Kriterien treffen auf die USA zu: Zunahme vor allem der großen Städte (s. S.9), Verstädterungsgrad der USA*

über 80% (je nach Definition auch über 90%), weitere Zunahme der Bevölkerung in vielen Städten (Ausnahmen vor allem in den alten Industriestädten des Manufacturing Belts), extremes Flächenwachstum (urban sprawl) infolge der Suburbanisierung.

2 *US-amerikanische Stadt: junges Alter, schachbrettartiger Grundriss, fehlendes historisches Zentrum, extreme flächenhafte Ausdehnung;*
europäische Stadt: die meisten wurden im frühen Mittelalter gegründet, unregelmäßige Straßenführung in der Altstadt, deutlich ausgeprägter historischer Kern mit Marktplatz, Rathaus, Kirche.

3 *Teilräume der US-amerikanischen Stadt:*
- *Downtown, zweigeteilt: a) CBD im Kern mit Hochhausbebauung und Einrichtungen des Tertiären Sektors höchster Zentralitätsstufe; b) daran anschließend Innenstadtbereich mit niedrigerer Bebauung, Mischfunktion;*
- *Übergangsbereich (transition zone) mit überwiegender Wohnfunktion, aber z.T. Slums, Gettos, sozialer Wohnungsbau, Park- und Freiflächen, Gated Communities, gentrifizierte Gebiete;*
- *Suburb: Einzelhausbebauung, edge cities, Industrieparks.*

4 *Soziale Fragmentierung bedeutet, dass sich in der Stadt sozial stark gegensätzliche Viertel als Folge von Segregationserscheinungen herausbilden. Sichtbare Erscheinungsformen: Nebeneinander von Slums/Gettos und Luxusvierteln, Gated Communities; auch die starke räumliche Trennung von reinen Wohnvierteln in den Suburbs, den Einrichtungen des Tertiären Sektors im CBD sowie den Malls, High-Tech-Korridoren und edge cities kann als Ausdruck der Fragmentierung gewertet werden.*

5 *Zu einer echten Vermischung der verschiedenen Rassen, Ethnien, religiösen Gruppen – ein Vorgang, den der Begriff „melting pot" suggeriert – ist es in den US-amerikanischen Städten nicht gekommen; ihr Kennzeichen heute ist vielmehr die Existenz von Parallelgesellschaften, d.h. Armen und Obdachlosen, Minderheiten in den Gettos und den Enklaven der Reichen.*

6 *Merkmale, die New York als Global City charakterisieren:*
- *Bevölkerungsgröße (mit ca. 20 Mio. Einwohnern größte Stadt der USA),*
- *Finanz- und Handelszentrum von globaler Bedeutung (World Finance Center),*
- *„Kommandozentrale" der Weltwirtschaft, wichtigster Börsenplatz der Welt,*
- *außerordentliche Wirtschaftskraft der Stadt (durchschnittliches Einkommen: 53 000 US-$/Person/Jahr),*
- *Konzentration von Unternehmenshauptsitzen,*
- *hoher Anteil des FIRE-Sektors (finances, insurances, real estates = Immobilien) (12 % der Beschäftigten/Vgl. USA: 5,8 %).*

1.3 Russland:
Kapitel 1.3.1

1 *Die Bevölkerungsverteilung spiegelt die natürlichen Gunsträume wider; Siedlungsschwerpunkte sind das Osteuropäische Flachland sowie die südlichen Regionen Sibiriens.*

2 *Permafrostboden ist ein bis in mehrere hundert Meter Tiefe gefrorener Boden der Kälteregionen, also der Tundra und großer Teile der Taiga. Nur im Sommer taut er oberflächlich auf (Sümpfe).*

3 *Schwarzerde ist ein aufgrund des mächtigen Humushorizonts fruchtbarer Boden der Steppengebiete. Nach der Ernte, wenn der Boden frei liegt, ist er stark für Erosion (z.B. durch Stürme) anfällig.*

4 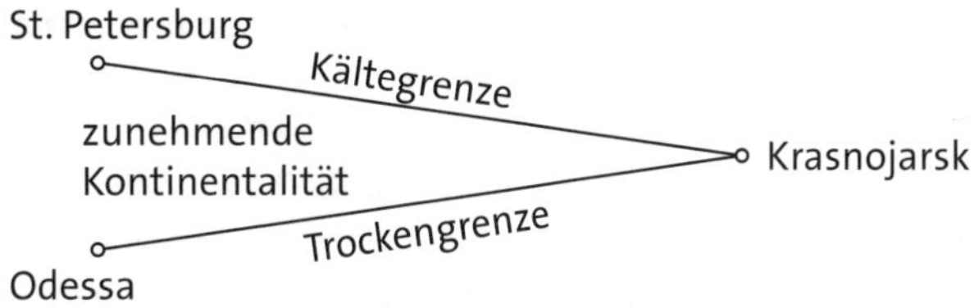

5 *Die Bedeutung der großen Ströme (Wolga, Ob, Lena, Jenissei) liegt vor allem im energetischen Bereich (Stromerzeugung durch Wasserkraftwerke); als Transportwege sind sie meist ungeeignet, da ihre Fließrichtung ungünstig ist – gegen die hauptsächliche West-Ost-Transportrichtung.*

Kapitel 1.3.2

1 *Planwirtschaft ist eine Wirtschaftsordnung, in der der Staat bzw. dessen Planungsorgane die wirtschaftlichen Aktivitäten regeln.*

2 *UKK: Es handelt sich um ein räumliches Kombinat, in dem Rohstoffe (hier Eisenerz, Kohle) über große Entfernungen ausgetauscht werden, um am jeweiligen Endpunkt entsprechende Industrien (hier besonders Eisen- und Stahlerzeugung) aufzubauen.*

3 *TPKs sind vielfältiger in ihren Verflechtungen und diversifizierter in der Industrie. Darüber hinaus umfassen sie auch die komplette nicht industrielle Infrastruktur, wie Siedlungen, Bildungseinrichtungen etc.*

4 *Kolchose: Landwirtschaftliche Produktionsgenossenschaft; der Boden gehört dem Staat, die Produktionsmittel der Kolchosgemeinschaft.*
Sowchose: kompletter Staatsbetrieb; auch alle Produktionsmittel sowie die Mitarbeiter sind staatsgebunden.
Agrarindustrieller Komplex: seit den 1980er Jahren; die landwirtschaftliche Erzeugung wird verknüpft mit der Weiterverarbeitung und Vermarktung.

Kapitel 1.3.3

1 *Zentraler Aspekt ist das hohe Ungleichgewicht der Mitgliedstaaten, das z.B. bei der Gründung der EWG (heute EU) nicht vorhanden war. Agrarstaaten stehen Industriestaaten gegenüber, solche mit hoher Arbeitslosigkeit anderen mit geringer, positive Handelsbilanzen kontrastieren mit negativen. Von daher ist die Perspektive für eine Union gleichberechtigter Staaten eher ungünstig.*

Kapitel 1.3.4

1 *Erfolge: Privatisierung gelungen; Anstieg der Produktion in den letzten Jahren; Bildung weiterer moderner Agrarindustriekomplexe. Probleme: Verarmung der Kleinbauern; bei diesen zu kleine Parzellen; Rückfall in Subsistenzwirtschaft; immer noch geringe Produktivität.*

2 *Kapital wird für den ländlichen Raum bereitgestellt, z. B. für eine Mechanisierung. Verschuldungsproblematik gerade bei den Kleinbauern mit geringen Flächen und Erträgen.*

Kapitel 1.3.5

1 *Der Energiesektor, vor allem Erdöl und Erdgas, trägt die Entwicklung der Wirtschaft durch den hohen Außenhandelsüberschuss, der mit dem Export erzielt wird. Allerdings gibt es nur noch für ca. 20 Jahre Vorräte, damit entsteht eine problematische Abhängigkeit.*

2 *Altindustrielle Räume sind auch in Russland eigentlich Krisengebiete. Sie profitieren aber von weltweit steigender Nachfrage nach Stahl (China!) und vom zunehmenden Interesse an Kohle als Alternative zum teuren Öl und Gas; beide Produktionsbereiche sind hier aufgrund niedriger Lohnkosten günstig und konkurrenzfähig.*

3 *Tertiärer Sektor heute auch in Russland dominierend, aber: in ihm eingerechnet ist der Informelle Sektor, also Dienstleistungen, die am Fiskus vorbei erbracht werden. Sie sichern zwar Existenzen, sind aber am Steueraufkommen nicht beteiligt und weisen oft mafiose Strukturen auf (Schattenwirtschaft).*

Kapitel 1.3.6

1 *Aspekte sind: Umgestaltung der Stadtmitte zu einer modernen City; Suburbanisierung mit Entstehung gehobener Wohnformen; Suburbanisierung des Einzelhandels; Entstehung von Büro- und Service-Zentren in der Stadt und am Stadtrand; soziale Segregation; Informeller Sektor (in den Randsiedlungen als Kioskhandel); Sanierung.*

2 *Moskva-City: ein entscheidender Beitrag zur Entwicklung Moskaus zur Global City durch Entstehung eines Wolkenkratzerviertels mit multifunktionaler Nutzung (Büros – u. a. Ansiedlung Transnationaler Konzerne/Global Players, Hotels, Entertainment, Wellness, Shopping ...).*

3 *Unter Segregation versteht man die zunehmende räumliche Trennung sozialer Schichten in Moskau. Gewinner der Transformation ziehen in statushohe Wohngebiete (bis hin zu Gated Communities), verarmte Bevölkerungsteile leben z. T. in unsanierten Plattenbausiedlungen am Stadtrand und werden räumlich und sozial marginalisiert.*

3 Wenden Sie Ihr Wissen an – eine Klausur zum Üben

Thema: Soziale Fragmentierung US-amerikanischer Städte – Beispiel New York

Aufgaben

1 *Beschreiben Sie die in den Materialien dargestellte sozioökonomische Situation in New York.*

2 *Erklären Sie die Ursachen der Situation und erörtern Sie mögliche Folgen.*

3 *Nehmen Sie, ausgehend von M 9, Stellung zu der Behauptung, die soziale Fragmentierung New Yorks sei ein charakteristisches Merkmal und eine Folge des Globalisierungsprozesses.*

Material

M1 ***Staten Island, New York***

M2 ***South Bronx, New York***

M3 New York, Sozialstruktur

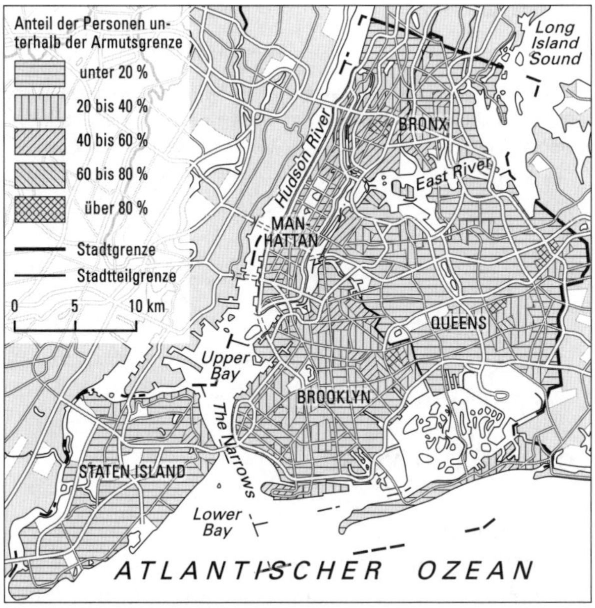

M4 New York, Anteil alleinerziehender Mütter

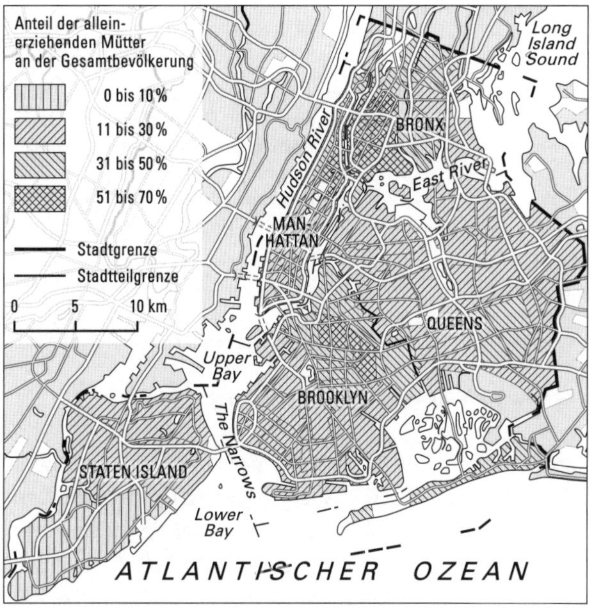

M5 New York, ethnische Struktur

M6 New York, Bildungsstruktur (Personen älter als 25 Jahre)

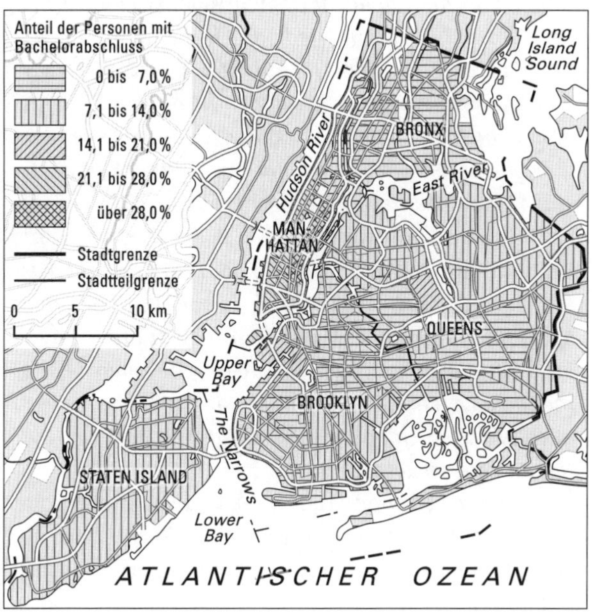

M7 New York, Entwicklung der Einkommen nach Einkommensklassen 1995 – 2004

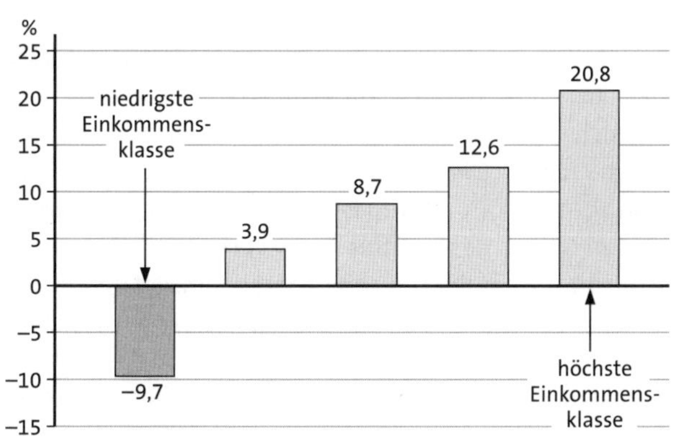

Quellenangaben zu den Materialien:

M3: nach Arno Kreus/Norbert von der Ruhren: USA und Russland. TERRA Themenband S II. Stuttgart und Leipzig: Klett 2009, S. 87

M4: nach Dirk Bronger: New York – Disparitäten im innerurbanen Raum: In: Geographie und Schule, 23. Jg., H. 133, (Okt. 2001). Köln: Aulis, S. 33

M5: nach Wilfried Korby u.a.: Städtische Räume im Wandel. FUNDAMENTE Kursthemen. Gotha und Stuttgart: Klett-Perthes 2005, S. 159; nach ebenda

M6: nach Dirk Bronger, a.a.O.

M7: U.S. Bureau of the Census. State and Metropolitan Data Book, verschiedene Jahrgänge und City of New York (Hrsg.): Demographic Profiles, verschiedene Jahrgänge

M8 New York, Indikatoren der Integrationsfähigkeit

Metropolitangebiet New York	Bevölkerungsanteile (%)						
	jünger als 25 Jahre				älter als 25 Jahre		
	unter 5 Jahre, zu Hause nicht Englisch sprechend, Probleme mit der englischen Sprache	Besuch privater Grundschulen und Sekundarschulen	16- bis 19-jährige Schulabbrecher	an Hoch- und Fachhochschulen immatrikulierte 18- bis 24-Jährige	kein 9.-Klasse-Abschluss	mit fortgeschrittener akademischer Ausbildung	24- bis 34-Jährige mit Bachelor- und höheren Abschlüssen
Kernstadt	22,5	17,6	11,3	34,1	11,8	72,3	34,5
Suburbs	9,8	12,9	6,1	39,9	5,6	85,1	38,5

Nach Rita Schneider-Sliwa: USA. Darmstadt: Wissenschaftliche Buchgesellschaft 2005, S.142

M9 New York, Ausgrenzung und Desintegration

„[Die Stadt] ist nicht mehr Ort der Integration, sondern der Ausgrenzung. Die Nachfrage nach Arbeitskräften hat sich ebenso geändert wie das Angebot. Die meisten Immigranten haben keine qualifizierende Schule besucht und stehen somit nur für solche Arbeitsplätze zur Verfügung, die wenig Geld einbringen, unsicher sind und keine Aufstiegsmöglichkeiten bieten. Gleichzeitig sind sie an den innerstädtischen Wohnstandorten einer Verdrängungskonkurrenz durch die neuen professionellen Eliten ausgesetzt. Auf dem Arbeitsmarkt wie auf dem Wohnungsmarkt werden sie an den Rand gedrängt oder finden erst gar keinen Zugang. Es ist eine ‚überflüssige' Bevölkerung, der auch kein Wohlfahrtsstaat das Existenzminimum sichert. [...]

Auch früher schon war die Stadt durch scharfe soziale Ungleichheit und Polarisierung der Lebensmöglichkeiten geprägt. Doch schien es sich dabei um Pole eines Kontinuums zu handeln, auf dem es zwar unterschiedlich gute Positionen gab, die aber demselben ökonomischen System angehörten und deshalb eine – wenn auch prekäre – Integration in das gesellschaftliche System gewährleisteten.

Die moderne Ökonomie der Global City garantiert dies offensichtlich nicht mehr. Die Dual City ist nicht nur polarisiert, sonders ökonomisch fragmentiert und sozial desintegriert. [...]

New York nähert sich damit der Situation von Städten der Dritten Welt, in denen die politische, ökonomische und soziale Elite eines Landes von mittellosen und hoffnungslosen Landflüchtlingen umlagert wird. New Yorker gebrauchen den Begriff ‚Swisskong' für diese Struktur der Stadt."

Aus: Hartmut Häußermann und Walter Siebel (Hrsg.): New York. Strukturen einer Metropole. Frankfurt/M.: Edition Suhrkamp 1993, S. 15-17 (Übers.: Gisela Schillings)

Lösungshinweise

Vorkenntnisse

Allgemeine Kenntnisse über Struktur, Entwicklung und Probleme US-amerikanischer Städte (Schülerbuch S. 76–85),
grundlegende Kenntnisse über New York, z. B.: Geschichte der Stadt, funktionale Gliederung, Aufstieg zur Global City, globale Funktionen (Schülerbuch S. 86/87), Prozess der Globalisierung, Erscheinungsformen und Folgen.

Aufgabe 1

Anforderungsbereich I/II

Bewertung: 35 %

Bereits die beiden Fotos dokumentieren die krassen regionalen Disparitäten in New York: M 1 – Staten Island (Richmond), der wohlhabendste der fünf New Yorker Stadtteile, stark durchgrünt, in aufgelockerter Bebauung mit große Villen, M 2 – South Bronx, ein Stadtteil des Verfalls, mit Mietshäusern unterschiedlicher Größe, leerstehenden Häusern und Wüstungserscheinungen.
Die Karten M 3 bis M 6 geben einen vertiefenden Eindruck in die sozialräumlichen Strukturen New Yorks. Bei der Beschreibung der Karten ist es sinnvoll, erst die Karten einzeln zu interpretieren und dann in einem zweiten Schritt die Zusammenhänge herauszuarbeiten. Die Zusammenschau liefert bereits erste Begründungen für die sozialräumlichen Gegensätze, die in Aufgabe 2 zu liefern sind.
Die Karten zeigen die starken sozialen Disparitäten. Deutlich wird die Fragmentierung der Bevölkerung, wobei sich durchweg das gleiche räumliche Verteilungsmuster zeigt. Die reichen, gut ausgebildeten Bürger sind vor allem auf Staten Island sowie in Manhattan zu beiden Seiten des Central Parks vertreten. Die armen, schlecht ausgebildeten Minoritäten konzentrieren sich auf drei Stadtteile, die auch die sozialen Problemgebiete der Stadt sind: South Bronx, Harlem und das östliche Brooklyn. Besonders krass sind die räumlich unmittel-